河北省革命旧址调查报告

河北省文物局
河北省文物与古建筑保护研究院 编

赵 喆 张剑玺 徐聪慧 著

科学出版社
北京

内 容 简 介

河北省有着光荣革命历史和优良革命传统，革命文物涵盖全省，内容丰富、类型多样、价值高、影响大。近年来，河北省文物与古建筑保护研究院组成专门调查组对河北省范围内的不可移动革命文物进行调研工作，在河北省全国第三次文物普查的基础上，全面梳理河北地区旧民主主义革命时期、新民主主义革命时期、社会主义革命和建设时期、改革开放和社会主义现代化建设新时期革命旧址的价值和特点，对革命旧址的分布情况、保护级别、旧址类型、历史时期、保存状况等方面进行统计分析，并针对旧址保护现状、展示利用和管理方面存在的问题进行评估，提出加强革命文物保护利用的相关建议。本书图文并茂，对今后河北省革命文物保护利用工作将会提供重要的参考依据。

本书适合革命文物保护或管理领域的专业技术人员以及高等院校相关专业的师生参考阅读。

图书在版编目（CIP）数据

河北省革命旧址调查报告 / 河北省文物局, 河北省文物与古建筑保护研究院编；赵喆, 张剑玺, 徐聪慧著. — 北京：科学出版社, 2023.6
ISBN 978-7-03-075701-2

Ⅰ. ①河… Ⅱ. ①河… ②河… ③赵… ④张… ⑤徐… Ⅲ. ①革命纪念地 - 纪念建筑 - 调查研究 - 河北 Ⅳ. ①K878.2

中国国家版本馆CIP数据核字（2023）第102934号

责任编辑：吴书雷 / 责任校对：邹慧卿
责任印制：肖　兴 / 书籍设计：北京美光设计制版有限公司

科 学 出 版 社 出版
北京东黄城根北街16号
邮政编码：100717
http://www.sciencep.com

北京华联印刷有限公司 印刷
科学出版社发行　各地新华书店经销

*

2023 年 6 月第 一 版　　开本：787×1092　1/16
2023 年 6 月第一次印刷　印张：19 1/4
字数：430 000

定价：368.00 元
（如有印装质量问题，我社负责调换）

《河北省革命旧址调查报告》参编单位与人员

编　著： 赵　喆　张剑玺　徐聪慧

参编人员： 张立方　张建勋　刘智敏　赵仓群　王　凯　孙荣芬
　　　　　　次立新　李英第　孟　琦　张　枫　孙颖卓　江　霆
　　　　　　刘纪松　朱新文　张　勇　高　伟　吴　喆　郝亚茹
　　　　　　刘　伟　高　勇　关光裕

编写单位： 河北省文物局
　　　　　　河北省文物与古建筑保护研究院

参编单位： 石家庄市文化广电和旅游局
　　　　　　唐山市文化广电和旅游局
　　　　　　秦皇岛市旅游和文化广电局
　　　　　　邯郸市文化广电和旅游局
　　　　　　邢台市文化广电和旅游局
　　　　　　保定市文化广电和旅游局
　　　　　　张家口市文化广电和旅游局
　　　　　　承德市文物局
　　　　　　沧州市文化广电和旅游局
　　　　　　廊坊市文化广电和旅游局
　　　　　　衡水市文化广电和旅游局
　　　　　　定州市文化广电和旅游局
　　　　　　辛集市文化广电体育和旅游局
　　　　　　河北省雄安新区管理委员会公共服务局

序 言

革命文物承载党和人民英勇奋斗的光荣历史，记载中国革命的伟大历程和感人事迹，是党和国家的宝贵财富，是弘扬革命传统和革命文化、加强社会主义精神文明建设、激发爱国热情、振奋民族精神的生动教材。河北是英雄的土地，具有光荣的革命历史和革命传统，革命文物覆盖面广，内容丰富、类型多样、价值高、影响大，这些革命文物见证了无数优秀燕赵儿女近代以来英勇奋斗走过的风雨历程，见证了河北人民在党的领导下为民族独立和解放、为人民幸福和国家富强前仆后继、英勇奋斗的历程。

党的十八大以来，习近平总书记多次考察革命旧址和革命博物馆、纪念馆，就革命文物保护利用工作作出一系列重要指示批示，为加强新时代革命文物保护利用工作提供了根本遵循。2018年7月，中共中央办公厅、国务院办公厅印发《关于实施革命文物保护利用工程（2018～2022年）的意见》。同年12月，中共河北省委办公厅、河北省人民政府办公厅《关于印发〈河北省革命文物保护利用工程（2018～2022年）实施方案〉的通知》，结合河北实际，提出抗日战争时期我党领导的晋察冀、晋冀鲁豫两大敌后抗日根据地和西柏坡中共中央所在地及华北人民政府有关旧址三个革命文物资源集中片区概念。2021年5月28日，河北省第十三届人民代表大会常务委员会第二十三次会议通过了《河北省人民代表大会常务委员会关于加强革命文物保护利用的决定》，河北省首次将革命文物保护利用纳入规范化、法治化轨道，这对于深化革命文物价值挖掘和利用创新，提高革命文物保护利用质量和水平具有重要意义。

从2019年以来，由河北省文物与古建筑保护研究院，按照国家文物局和河北省文物局的要求，组成专门调查组对我省范围内的不可移动革命文物进行调查统计，按照集中连片、突出重点、国家统筹、区划完整的原则，对革命文物保存状况、展示利用状况、管理状况进行了深入调研，编制河北省革命文物总体保护利用规划、革命文物资源集中片区保护利用方案和重要革命文物旧址保护维修方案，提出加强河北省革命文物重点片区保护利用的对策。基于革命文物调查资料和革命文物保护规划及维修方案编制工作，调查组整理汇总了《河北省革命旧址调查报告》一书。本书根据相关调查进行整理研究，全面梳理河北地区旧民主主义革命时期、新民主主义革命时期、社会主义革命和建设时期、改革开放和社会主义现代化建设新时期革命旧址的价值和特点，对革命旧址的分布情况、保护级别、旧址类型、历史时期、保存状况等方面进行统计分析，针对旧址保护现状、展示利用和管理方面存在的问题进行评估，提出加强革命文物保护利用建议，对河北省部分重要革命旧址进行了简要介绍。目的在于促进我省革命文物保护利用工作，推动把革命文物保护好、管理好、运用好，发挥好革命文物在党史学习教育、革命传统教育、爱国主义教育等方面的重要作用。

2022 年 10 月

目 录

序言 i

上编　革命旧址调查报告

第一章　调查主要内容 002

　　第一节　调查背景 002
　　第二节　调查对象 002
　　第三节　调查方法 003

第二章　河北省革命历史进程 005

　　第一节　旧民主主义革命时期 005
　　　　一、反侵略反封建统治斗争 005
　　　　二、民族工业兴起促进民主革命思想传播 008
　　第二节　新民主主义革命时期 010
　　　　一、马克思主义传播 010
　　　　二、工人运动 012
　　　　三、河北早期党组织的建立和发展 014
　　　　四、武装反抗国民党反动统治 017
　　　　五、抵抗日本帝国主义侵略 018
　　　　六、夺取解放战争全面胜利 030

第三节　社会主义革命和建设时期 ································· 036
 　　第四节　改革开放和社会主义现代化建设新时期 ····················· 039

第三章　革命旧址综述 ·· 041

　　第一节　革命旧址概况 ··· 041
　　　　一、分布情况 ··· 041
　　　　二、保护级别 ··· 042
　　　　三、革命旧址类型 ··· 043
　　　　四、革命旧址的历史时期 ······································· 044
　　　　五、产权情况 ··· 044
　　第二节　主要革命旧址概述 ··· 045
　　　　一、不同时期的革命旧址 ······································· 045
　　　　二、不同类型的革命旧址 ······································· 053
　　第三节　河北革命旧址的主要特点及价值 ····························· 072

第四章　主要革命旧址评估 ·· 074

　　第一节　现状评估 ··· 074
　　　　一、本体状况 ··· 074
　　　　二、环境状况 ··· 076
　　　　三、评估结论 ··· 077
　　第二节　展示利用评估 ··· 077
　　　　一、开放情况 ··· 077
　　　　二、展示利用状况 ··· 078
　　　　三、评估结论 ··· 079
　　第三节　管理评估 ··· 080
　　　　一、基础工作 ··· 080
　　　　二、管理体制 ··· 083
　　　　三、评估结论 ··· 083

第五章　相关建议 ·· 084

　　第一节　实施科学分类保护 ··· 084

目录

第二节　推进合理有效利用……………………………………084
　　一、围绕重要资源构建展示利用体系……………………084
　　二、推进方法手段改革创新………………………………085
　　三、整合资源促进区域内整体发展………………………085

下编　重要或代表性革命旧址

壹　全国重点文物保护单位……………………………………088

1. 义和拳议事厅旧址……………………………………………088
2. 李大钊故居……………………………………………………091
3. 布里留法工艺学校旧址………………………………………094
4. 育德中学旧址…………………………………………………098
5. 喜峰口长城……………………………………………………101
6. 晋察冀边区政府及军区司令部旧址…………………………104
7. 八路军一二九师司令部旧址…………………………………113
8. 晋冀鲁豫边区政府旧址………………………………………117
9. 冉庄地道战遗址………………………………………………120
10. 左权将军墓…………………………………………………124
11. 晋察冀军区司令部旧址……………………………………127
12. 察哈尔民主政府旧址………………………………………130
13. 中共晋冀鲁豫中央局和军区旧址…………………………133
14. 西柏坡中共中央旧址………………………………………137
15. 中国人民银行总行旧址……………………………………143

贰　省级文物保护单位……………………………………………145

1. 韩文公祠………………………………………………………145
2. 江浩故居………………………………………………………148
3. 察哈尔农民协会旧址…………………………………………150
4. 蔚县西合营师范旧址…………………………………………152
5. 懋华亭…………………………………………………………155

v

6. 喜峰口长城抗战旧址 ································· 157
7. 八路军一二九师司令部、政治部旧址——政治部礼堂 ··· 160
8. 八路军一二九师东进纵队司令部旧址 ··············· 162
9. 冀鲁豫边区抗日根据地领导机关旧址 ··············· 164
10. 太行行署礼堂旧址 ································· 168
11. 前南峪抗日军政大学旧址 ·························· 170
12. 平北抗日根据地旧址 ······························· 174
13. 晋冀鲁豫军区西达兵工厂旧址 ····················· 176
14. 洪河槽村聂荣臻指挥部旧址 ························ 178
15. 白求恩手术室旧址 ································· 180
16. 邯郸起义指挥部旧址 ······························· 183
17. 晋察冀边区爆炸英雄李混子制雷旧址 ··············· 185
18. 中央人民广播电台旧址 ····························· 188
19. 石家庄市政府交际处309号院旧址 ·················· 190
20. 华北大学旧址 ······································ 191
21. 华北育才小学旧址 ································· 194
22. 沕沕水电厂旧址 ···································· 196
23. 陈庄歼灭战旧址 ···································· 201
24. 黄土岭战役旧址 ···································· 205
25. 乏驴岭铁桥 ·· 208
26. 山底抗日地道遗址 ································· 211
27. 石家庄大石桥 ······································ 213
28. 正太饭店 ·· 215
29. 井陉煤矿总办大楼 ································· 219
30. 晋察冀边区烈士陵园 ······························· 221
31. 晋冀鲁豫烈士陵园 ································· 226
32. 晋冀鲁豫抗日殉国烈士公墓旧址 ··················· 230
33. 冀东二十五县烈士陵园与抗战胜利纪念楼 ········· 235
34. 行唐县抗日烈士纪念塔 ····························· 239
35. 邯郸战役革命烈士墓群 ····························· 241
36. 罗汉坪军工烈士纪念塔 ····························· 243
37. 挂云山六壮士跳崖遗址 ····························· 245
38. 狼牙山五勇士跳崖处 ······························· 247

39. 白求恩墓 250
40. 柯棣华墓 252
41. 华北制药厂办公楼 254
42. 通二矿旧址 257
43. 河北省博物馆 259
44. "八〇二"军事演习观礼台 261

叁 市县级文物保护单位 264

1. 华北人民政府旧址 264
2. 中共中央华北局城市工作部旧址 269
3. 晋察冀边区银行旧址 271
4. 晋察冀边区印刷局旧址 274

附录一 《河北省文物局关于公布河北省革命文物名录（第一批）的通知》文件 280

附录二 河北省不可移动革命文物名录（第一批） 281

后记 296

上 编

革命旧址调查报告

第一章
调查主要内容

第一节　调查背景

革命文物承载着党和人民英勇奋斗的光荣历史，记载着中国革命的伟大历程和感人事迹，是党和国家的宝贵财富，是弘扬革命传统和革命文化、加强社会主义精神文明建设、激发爱国热情、振奋民族精神的生动教材。为深入贯彻落实中共中央办公厅、国务院办公厅印发的《关于实施革命文物保护利用工程（2018～2022年）的意见》（中发办〔2018〕45号），按照中共河北省委办公厅、河北省人民政府办公厅《关于印发〈河北省革命文物保护利用工程（2018～2022年）实施方案〉的通知》（冀发办〔2018〕59号）要求，2019年，受河北省文物局委托，河北省文物与古建筑保护研究院（原河北省古代建筑保护研究所）组成专门调查组对河北省范围内的不可移动革命文物进行了系统调查，全面了解和掌握全省不可移动革命文物的保存状况、展示利用状况、管理状况。

第二节　调查对象

2018年10月，国家文物局印发了《关于报送革命文物名录的通知》，对什么是革命文物进行了阐释。又于2019年1月，在印发的《革命旧址保护利用导则（2019）》里明确指出：革命旧址是指已被登记公布为不可移动文物，见证近代以来中国人民长期革命斗争特别是中国共产党领导的新民主主义革命与社会主义革命历程，反映革命文化的遗址、遗迹和纪念设施。主要包括：重要机构、重要会议旧址；重要人物故居、旧居、活动地或墓地；重要事件和重大战斗遗址、遗迹；具有重要影响的烈士事迹发生地或烈士墓地；近代以来兴建的涉及旧民主主义革命、新民主主义革命和社会主义革命的纪念（塔、堂）等纪念建（构）筑物。

根据上述国家文物局文件中对革命旧址的定义，河北省革命旧址调查对象为：河北省行政区划范围内，在河北省全国第三次文物普查的基础上，对1840年鸦片战争以来与旧民主主义革命、新民主主义革命、社会主义革命和建设时期、改革开放和社会主义现代化建设新时期有关的具有革命纪念意义、教育意义和革命价值的不可移动文物。

第三节　调查方法

为了保证河北省革命旧址调查工作科学、有序、顺利地进行，结合历次不可移动文物调查经验，研究归纳出"数据筛选——初步调查——确定方向——实地调查——汇总分析"的"五步调查"方式。

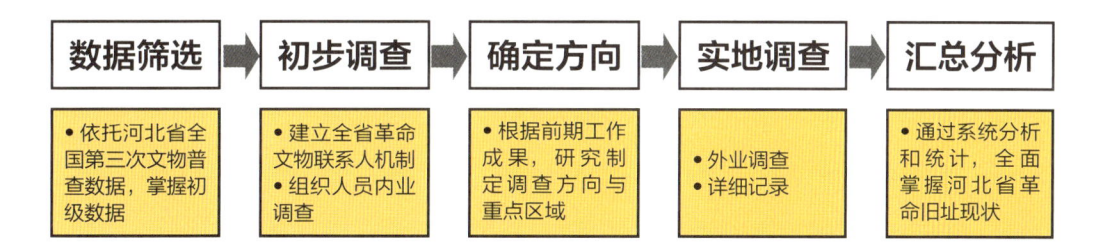

数据筛选	初步调查	确定方向	实地调查	汇总分析
• 依托河北省全国第三次文物普查数据，掌握初级数据	• 建立全省革命文物联系人机制 • 组织人员内业调查	• 根据前期工作成果，研究制定调查方向与重点区域	• 外业调查 • 详细记录	• 通过系统分析和统计，全面掌握河北省革命旧址现状

第一步，数据初步筛选。对河北省全国第三次文物普查数据中的"近现代重要史迹及代表性建筑"和可能含有革命文物属性的"古建筑"2个类别（33个子类别）共12000余处文物点进行筛选，初步筛选出具有革命文物属性的文物点2000余处。

第二步，初步调查。首先建立河北省革命文物调查联系人机制，由各地市文物管理部门到县级文物管理部门，再到各村文物管理员或村委会，从上至下直达各文物保护单位，然后再通过两种形式进行初步调查。一是以革命旧址信息数据卡形式收集相关文物点的基本情况、管理情况、简介等资料和记录档案。二是通过建立的革命文物联系人机制，以电话、短信或电子邮件的方式对筛选点进行初步了解。根据初步调查结果，对筛选点进行研究调整，调整后的文物点数量1800余处。

第三步，确定调查方向和区域。对筛选点基本情况初步调查了解后，通过史料中重要人物和历史事件等线索，以召开座谈会的形式全面了解各区域内革命旧址具体情况，研究制定出实地调查方向与重点区域。

第四步，进行实地调查。通过史料查阅、实地走访、现状调查等形式对革命旧址背后的革命历史文化内涵进行深入挖掘，结合拍照、录像、航拍、现状测绘等方法对革命旧址的类型、体量、特点、保护、利用和管理现状等进行详细记录。在调查过程中把握革命旧址认定原则，充分听取党史、宣传、民政、退役军人事务、档案、方志等相关部门意见。

第五步，汇总统计分析。根据调查汇总情况，对地理位置、保护级别、旧址类型、保存状况、利用现状、管理情况、产权性质、开放情况、基地建设等方面分类统计分析，全面掌握河北省革命旧址现状。

第二章
河北省革命历史进程

近代以来，中国人民抵御外来侵略、维护国家主权、捍卫民族独立、争取人民自由；中华人民共和国成立后，中国共产党领导中国人民进行社会主义革命、建设和改革。自1840年第一次鸦片战争爆发到2012年党的十八大召开前，中国经历了旧民主主义革命时期、新民主主义革命时期、社会主义革命和建设时期、改革开放和社会主义现代化建设新时期四个历史时期，2017年10月18日，习近平同志在十九大报告中指出，经过长期努力，中国特色社会主义进入了新时代，这是我国发展新的历史方位。

第一节 旧民主主义革命时期

从1840年鸦片战争到1919年五四运动前的79年，是中国的旧民主主义革命时期，它是由资产阶级领导的、以建立资本主义社会和资产阶级专政的国家为目的、反对外国侵略和本国封建统治的革命。河北在此时期主要革命史迹如下：

一、反侵略反封建统治斗争

（一）义和团运动

义和拳即义和团[①]，义和团运动又称"庚子事变"或"庚子国变（难）"，是十九世纪末主要发生在华北地区的一场反帝爱国农民运动。其发生的背景是，从1840

---

① 1899年夏，山东巡抚毓贤初始改义和拳为义和团。——《清史稿》卷465，列传252，《毓贤》，第12757页。

年鸦片战争开始，西方列强发动了一次又一次的侵华战争，屠杀了大批中国人民，逼迫清政府签订了《南京条约》《北京条约》《瑷珲条约》《马关条约》等一系列不平等条约，通过对中国进行政治贷款、开设银行、修建铁路、设厂开矿等手段，疯狂地向中国输出资本，严重阻碍、破坏了中国国民经济发展和工农业生产，还利用在华外国宗教势力要挟清政府，干涉中国内政。自1889年开始，黄河连年决口，1899年黄河流域六省大旱，使本已十分贫困的农民更加贫困，以农民为主体的反对外国侵略、打击教会的斗争开始兴起。清光绪二十四年（1898年）秋，邢台威县沙柳寨义和拳首领赵三多领导的义和拳众在山东冠县蒋庄马场（今属威县）起义，以"助清灭洋"为口号的义和团运动由此开始，并很快蔓延到毗邻的直隶省。其早期在大名府、冀州、深州以及河间府一带活动，后来发展至直隶中部地区，由保定向北发展到新城、定兴、涞水、易州、固安、涿州一带，向东发展到雄县、文安、霸县、静海等地。1900年5月，义和团在涞水石亭镇与前来镇压的清军发生激战，设伏杀死清将杨福同，取得涞水大捷，并在此后趁势占领涿州城。同时，义和团广大团众还在芦保、京津铁路沿线展开反抗斗争，通过拆毁铁道、砍断电线等方式抗击清政府和阻挡帝国主义的入侵，此时期的义和团运动在直隶达到了高潮。帝国主义列强威逼清政府严厉镇压义和团，最终义和团运动因清政府与帝国主义列强的联合绞杀而失败。义和团运动也成了八国联军侵华的导火索，清政府在帝国主义列强的威逼下签订了丧权辱国的《辛丑条约》。虽然义和团运动在认识上还存在诸多问题，但是，一个基本的历史事实不容抹煞：义和团运动在粉碎帝国主义列强瓜分中国的斗争中，起到了一定的打击帝国主义列强的作用，一定程度促进了中国人民群众的觉醒。孙中山评价义和团"用大刀、肉体和联军相搏，虽然被联军打死几万人，伤亡枕藉，还是前仆后继，其勇锐之气殊不可当，真是令人惊奇佩服。所以经过那次血战之后，外国人才知道中国还有民族思想，这种民族是不可能消灭的"[1]。

（二）滦州兵谏与滦州起义

1911年，孙中山领导的同盟会发动了多次武装起义，影响最大的是4月27日举行的广州起义，即"黄花岗起义"。清政府为了维护岌岌可危的封建统治，于同年10月在直隶举行永平秋操[2]，以军事演习的方式向革命党炫耀武力。参加秋操的有时称新军"士官三杰"的第二十镇统制张绍曾、第六镇统制吴禄贞、第二混成协统领蓝天蔚等[3]。吴禄贞向张绍曾和蓝天蔚建议，在秋操期间乘机举行武装起义，但由于张

---

[1] 中国近代史纲要编写组：《中国近代史纲要》，高等教育出版社，2018年，第36页。
[2] 永平秋操演习地点选在直隶永平府地界内，因此这次军事演习又称之为永平秋操。
[3] 吴禄贞与蓝天蔚均为同盟会员。

图 2-1　吴禄贞（1880～1911）
（图片来源：中国新闻网）

图 2-2　张绍曾（1879～1928）
（图片来源：百度百科）

图 2-3　蓝天蔚（1878～1921）
（图片来源：沈阳图景）

绍曾反对而未做出这样的决定①。10月10日，武昌起义爆发，清政府电令停止秋操，命张绍曾部暂住滦州听候调用。29日，张绍曾联名卢永祥、蓝天蔚、伍祥祯、潘矩楹等将领，发动兵谏向清政府施压，提出十二条立宪政纲。同日，太原革命党人发动起义并宣布山西独立，推举阎锡山为山西都督，滦州与太原对清政府呈东西夹击之势。张绍曾截留了运往武汉镇压革命军的军火列车后，分别电告清政府和武汉革命军政府，要求停战议和，以实现君主立宪。清政府在恐慌中接受了兵谏提出的要求，并派吴禄贞赴滦州抚慰。吴禄贞到滦州以后与张绍曾相商起义事宜，并暗中联络山西革命军组建"燕晋联军"，吴禄贞任联军大都督兼总司令，阎锡山任联军副都督兼副总司令，联军计划趁清政府分兵武汉之际进军北京，蓝天蔚在奉天起事以作后援。11月7日，吴禄贞被暗杀于石家庄车站站长办公室，起义的事情泄露，张绍曾被削权去职后避居天津，蓝天蔚出逃大连，轰动一时的"滦州兵谏"和吴禄贞组织联军进逼北京清政府的计划就此失败（图2-1～图2-3）。

滦州兵谏失败后，第二十镇下层革命军官推举第二十镇第七十九标第一、二营管带王金铭、施从云和第八十标三营管带冯玉祥主持革命。在此期间孙中山领导的同盟会多次派代表王葆真赴滦州与革命派密商起义事宜。为了统一北方武装起义，应北方革命团体请求，湖北军政府派代表胡鄂公北上主持革命。1911年12月2日，北京、天津、保定、滦州、通州、石家庄等地派革命代表五十余人，在天津北洋医学院成立北方暴动总指挥部，由胡鄂公任总指挥，下设参谋、军事、交通、联络四部，并在各地成立起义司令部组织和领导当地武装起义。滦州起义决定以施从云为

---

① 中国人民政治协商会议全国委员会文史资料研究委员会：《辛亥革命回忆录五：宁武东北辛亥革命简述》，中华书局，1963年，第544页。

图 2-4　王金铭（1880～1912）　　　图 2-5　施从云（1880～1912）
（图片来源：辛亥革命纪念馆）　　　（图片来源：辛亥革命纪念馆）

总司令，孙谏声、白雅雨、李孝通、熊朝霖、胡伯寅五人为指挥[①]。12月31日，驻滦州新军第二十镇第七十九标所属三个营2000多名官兵宣布反清起义。1912年1月3日，中华民国北方革命军政府在滦州城成立，推举王金铭为大都督，张建功为副都督，施从云为总司令，同时任命各部部长。革命军政府在城北广场举行隆重的就职典礼和阅兵式。在准备攻打天津时，张建功武装叛变占领滦州城，大肆捕杀起义军。城外起义军仓促应战，攻城未克后，王金铭、施从云放弃滦州，率军直取天津。当起义军所乘火车到达雷庄火车站附近时，受到埋伏在此的清军伏击，双方展开激战，之后王金铭和施从云前往谈判时被清军逮捕并杀害。此后，起义军官兵大部战死和溃散，起义就此失败。辛亥滦州起义，是北方起义中牺牲最大、影响也最深远的一次武装起义，是辛亥革命的重要组成部分，尤其是起义后建立的"北方军政府"，确立了滦州北方革命中心的地位[②]。滦州起义发生在清政府统治的腹地，不仅动摇了清政府的军心，也打乱了清政府在武昌起义后的军事部署，有力地支援了南方革命，加速了清政府的灭亡，促进了民主思想的进一步传播。滦州起义43天后宣统皇帝逊位，中国结束了延续两千多年的君主专制制度（图2-4、图2-5）。

二、民族工业兴起促进民主革命思想传播

中日甲午战争的失败和1901年《辛丑条约》的签订，进一步加强了帝国主义对中国的全面控制和掠夺，通过对中国进行资本输出，严重破坏了中国社会的经济发

[①] 胡鄂公：《辛亥革命北方实录》，中华书局，1948年，第282～283页。
[②] 修福金：《在民革河北省委纪念辛亥革命100周年大会上的讲话》，《河北省社会主义学院学报》2011年第4期，第9～10页。

图 2-6　1907 年启新水泥厂东门
（图片来源：唐山启新水泥工业博物馆）

图 2-7　民国时期石家庄大兴纱厂
（图片来源：李惠民：《近代石家庄城市化研究》，中华书局，2010 年）

图 2-8　1933 年耀华玻璃厂全景
（图片来源：秦皇岛市玻璃博物馆）

展。清政府为扩大税源，解决财政危机，放宽了对民间设厂的限制，为民族资本主义的初步发展提供了客观条件。河北从19世纪70年代开始创办近代工业，其中矿业、纺织、建材等较为发达，主要有开滦矿务局、唐山机车厂、山海关桥梁厂、启新洋灰公司、秦皇岛耀华玻璃厂、唐山华新纺织公司、石家庄大兴纺织公司等，除耀华玻璃厂有部分民族资本外，其余如唐山开平煤矿、井陉正丰煤矿等厂矿的中方资本多为官僚资本，并且多是向外国借款，因此无论是矿山还是工厂，几乎都被外国人把持着。之后随着近代工业的兴起，河北的铁路、港口也开始修建，这其中有中国自建的第一条标准轨运货铁路——唐胥铁路，还有著名铁路工程专家詹天佑主持修建的京张铁路。借外国资本修建的有京山路、京汉路、石太路、津浦路等。其中，京张铁路是中国顶着西方列强的压力，在不使用外国资金和人员的情况下，完全由中国自己筹资、勘测、设计、施工建造并投入运营的铁路，全长200多公里，1905年9月开工修建，于1909年建成。它的建成，极大地振奋了民族精神，增强了民族自豪感和自信，是中国近代史上中国人民反帝斗争的一个胜利。随着1911年辛亥革命的胜利和一批新兴知识分子的产生，各种宣传革命的书籍报刊纷纷涌现，民主革命思想也得到了广泛传播，河北的民族工商业也迎来了迅速发展（图2-6~图2-10）。

图 2-9 开平铁路公司成立后，李鸿章携清朝大员视察唐胥铁路
（图片来源：开滦博物馆）

图 2-10 京张铁路南口至青龙桥关沟段"之"字形线路
（图片来源：中国铁道博物馆）

第二节　新民主主义革命时期

1919年爆发的五四运动是中国从旧民主主义革命走向新民主主义革命的转折点。从五四运动至1949年中华人民共和国成立之前的30年，是中国的新民主主义革命时期，它是由无产阶级领导的以反对帝国主义、封建主义、官僚资本主义为主的人民民主革命。河北在此时期主要革命史迹如下：

一、马克思主义传播

五四运动前，由陈独秀创办的《新青年》[1]发起了新文化运动，这是由一批先进知识分子发起的反对封建主义的思想解放运动，沉重打击和动摇了封建正统思想的统治地位，启发了人们的民主觉悟，推动了现代科学在中国的发展。新思潮在新文化运动中大量涌现，也为马克思主义在中国的传播创造了有利条件。五四运动后，马克思主义以其高度的科学性和革命性逐渐吸引着越来越多的进步青年。1919年10月至11月，李大钊在《新青年》分两期发表了《我的马克思主义观》一文，文章系统地介绍了马克思主义的唯物史观、政治经济学和科学社会主义的基本原理。该文的发表，不但表明李大钊完成从民主主义者向马克思主义者的转变，而且标志着马克思主义在中国进入比较系统的传播阶段[2]（图2-11、图2-12）。

---

[1]《新青年》初名为《青年杂志》，1915年9月15日在上海创刊，1916年9月1日出版第二卷时改为《新青年》。
[2] 中共中央党史研究室：《中国共产党历史第一卷（1921~1949）》，中共党史出版社，2011年，第46页。

图2-11　李大钊（1889～1927）
（图片来源：《长江日报》2021年5月10日，第1版）

图2-12　《新青年》：我的马克思主义观
（图片来源：学习强国）

在马克思主义传播的过程中，还有一条特殊的渠道和一支特别的队伍——五四运动前后出国勤工俭学的青年知识分子。中国留法勤工俭学运动起源于辛亥革命前后，至1919年五四运动开始蓬勃兴起，此时也正是我国旧民主主义革命和新民主主义革命交替之际。留法勤工俭学运动是大批青年在受到新文化运动和反帝爱国斗争的影响下，为了寻找救国图强道路而发起的一场具有重大影响的群众运动。留法勤工俭学运动不仅对中国近现代科学的发展起到了推动作用，更对中国近代教育史历程产生了深刻影响，对马克思主义思想在中国的传播和中国民主革命的发展都产生了重要的影响，同时也是中国共产党发展历史上重要的一页。蠡县布里村（今属高阳县）建立了这一时期最早的留法勤工俭学预备学校，随后又设立了保定育德中学留法勤工俭学预备班、保定农专（河北农业大学前身）留法勤工俭学预备班、长辛店机车车辆厂留法勤工俭学预备班。这些留法勤工俭学预备学校（班）的设立，为各地设立相应的机构提供了经验和模式，有力地推动了河北乃至全国留法勤工俭学运动的发展[①]。河北保定因其在这场运动中的特殊地位和作用，被称为"留法勤工俭学运动"的发祥地和运动中心，经培训后从保定赴法勤工俭学的学生近200人，培养了刘少奇、李维汉、李富春等一大批优秀的共产主义者和无产阶级革命家。保定留法勤工俭学运动，对马克思主义的传播起到积极推动作用，为我国革命和建设事业做出了重要贡献（图2-13～图2-16）。

---

① 河北省地方志编纂委员会：《河北省志·第76卷·教育志》，中华书局，1995年，第617页。

图 2-13 李石曾（1881～1973）
（图片来源：留法勤工俭学运动纪念馆）

图 2-14 布里村留法工艺学校，1917～1920 年共招收三期学生，培养学生 200 余人，其中 70 人赴法。1918 年 10 月蔡和森率领湖南省学生到校后，向学生宣传俄国十月革命和各国工人运动情况，推动了马克思主义在中国的传播
（图片来源：留法勤工俭学运动纪念馆）

图 2-15 保定育德中学于 1917～1920 年共招收四期学生，毕业 213 人，其中 93 人赴法。李维汉（二期学员）、李富春（二期学员）、刘少奇（三期学员，未赴法）等曾就读于此
（图片来源：留法勤工俭学运动纪念馆）

图 2-16 保定育德中学留法预备班学生实习

二、工人运动

马克思主义与工人运动相结合，必然会产生无产阶级的政党[①]。五四运动后马克思主义在中国迅速而广泛地传播，为中国无产阶级政党的创建准备了思想条件。1920 年 3 月 31 日，由李大钊组织发起的北京大学马克思学说研究会成立，并向社会延伸，其中不仅有学生，而且还有工人参加，使马克思主义的传播和工人运动相联

---

① 中共中央党史研究室：《中国共产党历史第一卷（1921～1949）》，中共党史出版社，2011 年，第 58 页。

系，工人阶级从分散走向团结，作为独立的政治力量登上历史舞台。1921年12月，在中国劳动组合书记部北方分部领导下，由唐山京奉路制造厂、唐山矿局和启新洋灰公司三厂工人在唐山西新街2号建立了唐山工人图书馆，这里不仅是工人读书看报的地方，还藏有马克思、恩格斯、列宁的著作和《新青年》《工人周刊》《劳动周刊》等革命刊物，并秘密借给会员阅读，成为早期中国共产党领导下联系工人群众、向工人宣传马克思主义、介绍工人运动情况的群众组织，同时也是党的秘密联络点[①]。

图2-17 唐山工人图书馆，位于唐山西新街2号（图片来源：唐山你好）

1922年5月1日，第一次全国劳动大会后，在中国劳动组合书记部和北方分部的领导下，河北先后爆发了山海关铁厂工人罢工、唐山制造厂工人罢工、开滦五矿工人罢工、京绥铁路车务工人罢工等罢工斗争。其中在全国影响大的是开滦五矿工人大罢工，开滦五矿包括唐山、赵各庄、林西、马家沟和唐家庄五个矿区，原由中国官僚资本兴办，后又向英国贷款改为中英合办，但实际上完全由外国人控制。1922年9月，开滦五矿先后成立工会后，派代表向矿务局提出增加工人工资和改善待遇的请求，在开滦矿务局拒绝工人的合理要求后，10月19日，开滦五矿同盟罢工委员会成立，22日在开滦矿务局非法扣押六名请愿工人代表的情况下，于23日五矿工人在中国劳动组合书记部北方分部和中共唐山地委罗章龙、王尽美、邓培等人的指挥下举行同盟大罢工，在此期间得到了唐山启新洋灰公司、华新纺纱厂等工厂工人的响应，参加罢工者近5万人。罢工开始后，中国劳动组合书记部迅速发动各地工人团体以发表通电、捐款捐物的形式，对开滦五矿的工人罢工斗争予以支持。在罢工中，矿务局和军阀政府调集保安和军警实施镇压，其中英帝国主义也派出武装直接参与镇压。26日，军警公然向罢工工人开枪，造成了重伤7人、轻伤57人的流血事件。随后，开滦五矿工人俱乐部和启新洋灰公司工会被查封。这些罢工运动不仅显示了中国工人阶级的力量，而且也扩大了中国共产党在全国人民中的影响。但到1923年"二七惨案"[②]后，河北的工人运动从此转入低潮。1925年5月1日，中国共产党发起召开了第二次全国劳动大会，正式成立了中华全国总工会并成立了总执行委员会，标志着全国工人阶级在中国共产党的领导下，实现了全国工会在政治上和组织上的团结与统一，揭开了中国工人运动的新篇章（图2-17～图2-20）。

---

① 中国共产党史学会：《中国共产党历史系列词典——组织机构词典》，中共党史出版社、党建读物出版社，2019年，第230页。
② "二七惨案"指的是1923年2月7日北洋政府直系军阀吴佩孚镇压京汉铁路工人大罢工的流血事件。

图 2-18 王尽美（1898～1925）　　图 2-19 邓培（1883～1927）
（图片来源：王尽美纪念馆）　　（图片来源：冀东烈士陵园）

图 2-20　1922 年 10 月，邓培与参加罢工运动部分工人代表合影
（图片来源：开滦博物馆）

三、河北早期党组织的建立和发展

　　1923 年 6 月，中国共产党第三次全国代表大会确定建立革命统一战线，采取共产党员以个人身份加入国民党的方式实现国共合作，积极推进国民革命运动。在中国共产党的建议和帮助下，孙中山积极推进国民党的改组工作，成立了国民党临时中央执行委员会，共产党人谭平山和李大钊分别为执行委员和候补执行委员。1924 年 1 月，国民党第一次全国代表大会在广州召开，出席开幕式的共产党代表有 20 多人，标志着第一次国共合作正式形成，以此为基础的国民革命开始兴起，中国进入到大革命时期[①]。1924 年，中共北京区委帮助国民党建立了直隶省党部和天津市党部。同年，保定、唐山也建立了国民党党部，随后，乐亭、容城、蠡县、满城、清苑、饶阳、安平、磁县等地也相继建立了国民党党部。到 1926 年，在共产党的帮助下直隶

---

① 1924 年 1 月至 1927 年 7 月是第一次国内革命战争时期，亦称"大革命"或"国民革命"。

图2-21　1924年4月20日，中国国民党中央执行委员会北京执行部成立。图为中国国民党北京党部（翠花胡同8号）
（图片来源：李大钊纪念馆）

图2-22　江浩（1880～1931），中共早期党员，与于方舟等人组建中共天津地委和国民党直隶省党部，是国民党直隶省党部和天津市支部主要负责人之一
（图片来源：李大钊纪念馆）

省建立了国民党县、市党部53个，区党部60个，发展党员5300人[①]。在国共两党共同努力下，国民革命的影响很快从中国南部扩大到中部和北部，形成了反对帝国主义和封建军阀的革命新局面（图2-21、图2-22）。

国共合作也为党组织的发展提供了良好的契机，1925年1月，中国共产党第四次全国代表大会在上海召开，此次会议的召开加强了党组织的建设工作，以工农为主体的革命群众运动得到了进一步发展，党的阶级基础和群众基础也进一步巩固和扩大。从1926年9月到1927年4月，中国共产党第五次代表大会召开，全国党员人数由13000多人发展至57000多人，其中工人、农民党员人数占半数以上[②]。河北较早建立党组织的地方是唐山、张家口、山海关、保定、磁县、石家庄、安平。1922年4月，中国共产党唐山地方委员会成立，这是我们党在河北建立的第一个地方委员会。1923年10月中国共产党安平县台城村特别支部成立，这是我们党在全国最早建立的农村党支部。到1927年4月，河北已建立8个地方执行委员会、两个特别区委员会、一个特别委员会以及10个县委、143个支部，党员人数达2000多人[③]。在这个时期，河北的工农运动得到了恢复和发展，工人运动以天津、唐山、石家庄为中心，着力发展工会组织，壮大工人阶级队伍，对军阀和资本家的欺压和剥削进行斗争。五卅惨案发生后，河北各地

[①] 中共河北省委党史研究室：《壮丽与辉煌的历史画卷——中共河北90年历史综述》，《党史博采（纪实版）》2011年第7期，第4～8页。
[②] 中共中央党史研究室：《中国共产党历史第一卷（1921～1949）》，中共党史出版社，2011年，第188页。
[③] 中共河北省委党史研究室：《壮丽与辉煌的历史画卷——中共河北90年历史综述》，《党史博采（纪实版）》2011年第7期，第4～8页。

图 2-23 弓仲韬（1886～1964），安平县台城村人，1923 年 8 月，他介绍弓凤洲、弓成山加入中国共产党，建立了中国共产党第一个农村党支部——台城特别支部，由弓仲韬任书记，受北京区委直接领导
（图片来源：李大钊纪念馆）

图 2-24 尹玉峰（1903～1928），正定县周通村人，1925 年 3 月中共正定特别支部成立，任特支书记（1926 年 4 月，中共正定特别支部改为中共正定地方委员会，尹玉峰任书记），1927 年夏领导了正定县农民反"预征钱粮"和"讨赤捐"的斗争
（图片来源：石家庄市退役军人事务局）

图 2-25 1925 年 9 月察哈尔农民协会成立（拍摄于 1985 年）
（图片来源：察哈尔农民协会旧址）

党组织发动了声势浩大的声援运动。在中共北方区委的领导下，河北获鹿、玉田等县的农民反抗封建压迫的斗争日渐兴起，在顺义、乐亭等县建立起农会组织，热河、察哈尔也相继成立了农民协会。在正定和晋县数万人进行了反抗预征钱粮和"讨赤捐"的斗争。这些反抗斗争有力地打击了奉系军阀和地方封建势力，支持了北伐军的北进，同时极大地鼓舞了工人和农民阶级参加革命斗争的热情。在北伐胜利进军和工农运动大发展的有利形势下，中国共产党的队伍继续壮大。到 1927 年 7 月 15 日，汪精卫等控制的武汉国民党中央召开"分共"会议，决定同共产党决裂，彻底背叛了孙中山制定的国共合作政策和反帝反封建纲领，至此，由国共两党合作发动的大革命宣告失败[1]（图 2-23～图 2-25）。

---

[1] 中共中央党史研究室：《中国共产党历史第一卷（1921～1949）》，中共党史出版社，2011 年，第 219 页。

四、武装反抗国民党反动统治

1927年4月12日,蒋介石制造了"四一二"反革命政变,使革命力量受到严重摧残,这是大革命从胜利走向失败的转折点。同年4月28日,李大钊同志遇难,北方区委遭到严重破坏。1927年8月,中共中央在汉口召开"八七会议",总结了大革命失败的教训,确定了实行土地革命和武装反抗国民党反动派的总方针。中国进入到土地革命战争时期[①],这个时期也是中国共产党所领导的人民革命斗争进入到最艰苦的年代。这期间,河北省各地党组织领导了多次反对国民党反动统治的群众运动。1927年9月,中共中央派临时中央政治局委员王荷波、蔡和森主持北方工作并成立了中共中央北方局,22日召开了北方局扩大会议和顺直省委党的活动分子会议,传达了党的"八七会议"精神,改组了顺直省委,并决定配合南昌起义和秋收起义,在全省发动农民武装暴动,开展土地革命斗争。

唐山玉田是冀东地区在大革命中反"旗地变民"[②]和抗捐抗税斗争的中心,党组织和农民群众经受过多次锻炼和考验,有一定的革命觉悟和斗争经验,为进一步开展土地革命斗争奠定了良好的基础。顺直省委改组会议后,王荷波在玉田召开县委扩大会议,传达了"八七会议"精神,并在会上分析了京东四县的革命形势,认为在农民运动蓬勃发展的影响下,玉田、遵化、丰润、蓟县地区奉系军阀控制日益削弱,革命力量日趋发展壮大,已经具备发动暴动条件,会议决定以玉田为中心举行武装暴动。1927年10月,在中国共产党领导下,北方打响了武装反抗反动军阀第一枪的玉田农民武装暴动。此外,河北省境内主要发生的还有1932年8月的高蠡暴动、1935年春的冀南暴动等,这些暴动意义重大,影响深远,对党在困难时期的发展和壮大起到了重大作用[③]。尤其是1931年7月"平定起义"后在阜平建立的苏维埃政权[④],在当时产生了非常大的轰动(图2-26~图2-31)。

图2-26 于方舟(1900~1927),天津宁河县俵口村人,天津五四运动领导者之一,也是天津早期党团组织的重要负责人。1927年10月,领导了冀东第二次玉田农民武装暴动,突围时同解学海、刘自立等一起被捕,壮烈牺牲(图片来源:河北省退役军人事务厅)

---

① 1927年8月至1937年是第二次国内革命战争时期,亦称"土地革命战争时期"。
② "旗地变民"中的"旗地"指的是清统治者圈占的民有土地,年代久远归属不清的改为清政府征租,到了后期农民已可以自由买卖或转租。1911年辛亥革命后,北洋军阀政府为了支付连年混战的军费,将所有"旗地"视为政府土地,强令农民高价购买,美其名曰"旗地"为"民有地",即为"旗地变民"。
③ 中共河北省委党史研究室:《壮丽与辉煌的历史画卷——中共河北90年历史综述》,《党史博采(纪实版)》,2011年第7期,第4~8页。
④ 1931年7月4日,在中共山西特委的领导下,驻山西省平定县的国民党军高桂滋部1200余人举行起义,起义后部队在山西盂县清城村整编为中国工农红军第24军,赫光任军长,谷雄一任政治委员,下辖2个纵队1800余人。部队转战至河北阜平县,攻占县城后发动和组织群众,建立了中华苏维埃阜平县政府。8月政治委员谷雄一被捕,军长赫光遇害,成立半个月的中华苏维埃阜平县政府被反动派扼杀。同年11月,中华苏维埃临时中央政府在江西省瑞金宣告成立。

图2-27 解学海（1902~1927），无极县南朱村人，时任玉田县委书记，玉田农民武装暴动组织领导者之一，在突围时同于方舟、刘自立等一起被捕，壮烈牺牲（图片来源：《河北日报》）

图2-28 杨春霖（1895~1927），唐山丰润县人，1927年1月，同张明远（1906~1998）领导了京东七县近万人参加的反"旗地变民"运动。玉田农民武装暴动组织领导者之一，时任中共京东特委委员、京东农民协会会长、京东农民革命军总司令，在突围时同于方舟、解学海、刘自立等一起被捕，壮烈牺牲（图片来源：河北新闻网）

图2-29 李任予（1903~1932），广东新丰县车田村人，高蠡暴动组织领导者之一。历任中共闽西特委军委主席、红四军四纵队政治部主任、红四军二纵队党代表，并被选为红四军前委委员。1930年6月，任整编后的红二十一军政治部主任，后任政委兼军委书记。1931年冬，受党中央派遣，化名李德山到河北从事革命工作，先后任北平市委组织部长、市委书记，1932年5月，又化名黎亚克，调到保定负责党的领导工。高蠡暴动失败后被捕，于1932年11月27日牺牲（图片来源：河北省退役军人事务厅）

图2-30 宋洛曙（1887~1932），蠡县宋家庄村人，参与组织领导高蠡暴动，任地方苏维埃政府副主席、红军游击队第一支部副支队长，暴动失败后突围中英勇牺牲（图片来源：河北省退役军人事务厅）

图2-31 张兆丰（1890~1930），磁县彭城镇（今属邯郸峰峰矿区）人，中共早期党员，曾任中共顺直省委委员兼军委副书记、书记，1930年到唐山、磁县、武安、博野等地开展军运工作并领导农民武装暴动。同年9月，任平汉线北段兵暴委员会委员，在河北栾城领导"兵暴"工作时被捕，于10月16日牺牲（图片来源：河北共产党员网）

五、抵抗日本帝国主义侵略

中国在近代以来战争的失败和割地赔款，大大刺激了日本进一步侵略中国的野心。1927年6月27日至7月21日，日本的东方会议制订了《对华政策纲要》和"田中奏折"，确立了先独占中国东北、内蒙古进而侵占全中国的扩张政策。1931年9月18日夜，日军炸毁沈阳北部柳条湖附近的南满铁路的一段铁轨，反诬中国军队破坏铁路，并以此为借口突然袭击中国军队驻地北大营和沈阳城。在蒋介石的不抵抗政策下，东北三省在短短四个月内全部沦陷。9月20日，中共中央发表《为日本帝国主义强暴占领东三省事件宣言》，揭露日本帝国主义的侵略罪行，号召全国民众以民族革命斗争驱逐日本帝国主义出中国。自此，中国开始了14年

图 2-32　1933 年元旦，日军在山海关（又称榆关）发动进攻，史称"榆关事变"。驻守山海关的东北军独立第九旅 626 团奋勇抗击日寇，打响了长城抗战的第一枪。左上图：东北军所部独立第九旅旅长何柱国（1897～1985）下令坚决抵抗，并发布《告士兵书》激励全军。左下图：第 626 团 1 营营长安德馨（1893～1933）在 1 月 3 日的战斗中壮烈牺牲，为此次事变中中国军队牺牲的最高将领。右图：1932 年末何柱国将军在山海关视察
（图片来源：《燕赵壮歌：河北抗战历史图片集》，中共党史出版社，2015 年）

反抗日本侵略的正义战争[①]。

（一）长城抗战

日军在占领中国东北后，把侵略的矛头指向华北广大地区。1933 年 1 月 1 日，日本在山海关挑起事变，中国军队奋起抗击，长城抗战在河北爆发。3 月 4 日日军侵占承德以后，纠集 8 万余兵力向长城冷口、喜峰口、古北口等处进攻，企图突破长城防线。中国第 29 军等部英勇抗战，浴血长城，充分体现了中华民族反侵略斗争的光荣传统。由于国民党政府坚持"攘外必先安内"的方针，长城守军得不到有力的支援，奋战两个多月，伤亡惨重，至 5 月被迫撤离长城各口，造成日军包围平津的态势。22 日，长城一线守军撤至平津城郊开始组织防御。31 日，国民党政府与日本签订了丧权辱国的《塘沽协定》，长城抗战结束[②]。在之前的 5 月 26 日，在中国人民强烈要求抗日救国的影响下，共产党员吉鸿昌以及爱国将领冯玉祥、方振武等联络

[①] 中国中共党史学会：《中国共产党历史系列辞典：中国共产党历史重要事件辞典》，中共党史出版社、党建读物出版社，2019 年，第 70～71 页、第 78 页。
[②] 中国抗日战争史学会、中国人民抗日战争纪念馆、中国地图出版社：《中国抗日战争史地图集》，中国地图出版社，2015 年，第 28 页。

图 2-33 长城抗战示意图[1]
（图片来源：《中国抗日战争地图集》，中国地图出版社，2016年）

图 2-34 热河沦陷后，中国军队第17军、29军、32军、53军等展开长城抗战。图为在罗文峪布防的中国军队
（图片来源：《中国抗日战争地图集》，中国地图出版社，2016年）

在察哈尔等地要求抗日的部队，冲破国民党政府当局错误的对日妥协政策，在张家口正式宣告成立察哈尔民众抗日同盟军，并取得多次胜利，重创了日本侵略者，鼓舞了中国民众抗日御侮的信心（图2-32～图2-34）。

（二）国共两党合作抗日

1933年5月31日，中日《塘沽协定》签订后，至同年12月期间，侵华日军为进一步扩大对中国的侵略，策动华北各省脱离南京中央政府实行"自治"，鼓动制造

---
[1] 审图号：GS（2016）1630号。

了一批"防共自治运动",包括"察东事件""河北事件""张北事件""秦土协定""华北五省自治运动""香河事件""冀东防共自治委员会""冀察政务委员会"等,即华北事变[①]。日军通过这一系列事变控制了华北的大部分地区,使中华民族陷入空前严重的危机之中。1935年8月1日,中共中央发表《为抗日救国告全体同胞书》(即《八一宣言》)。12月9日,国民党政府准备在北平成立冀察政务委员会,在中国共产党的领导下,由北平学联组织发动了一次大规模的抗日爱国运动(即"一二·九运动")。同年12月17日至19日,中共中央在陕西瓦窑堡举行会议(即"瓦窑堡会议"),确立了抗日民族统一战线策略方针。1936年12月12日,为挽救民族危亡、劝谏蒋介石改变"攘外必先安内"的立场、停止内战一致抗日,张学良、杨虎城在临潼以"兵谏"形式扣留了蒋介石,发动了震惊中外的"西安事变"(又称"双十二事变")。中国共产党在这次事变中力主和平解决,充分体现了对团结抗日的诚意,周恩来作为中共中央全权代表参加了谈判,做了大量卓有成效的工作。最终蒋介石同意了谈判中议定的停止内战、联共抗日等六项条件。西安事变的和平解决,不仅成为时局转换的枢纽,同时也促进了中共中央逼蒋抗日方针的实现,使在抗日的前提下,国共两党实行第二次合作成为不可抗拒的大势[②]。1937

图2-35 华北事变示意图[③]
(图片来源:《中国抗日战争地图集》中国地图出版社,2016年)

[①] 中国中共党史学会:《中国共产党历史系列辞典:中国共产党历史重要事件辞典》,中共党史出版社、党建读物出版社,2019年,第87页。
[②] 中国中共党史学会:《中国共产党历史系列词典:中国共产党历史重要事件辞典》,中共党史出版社、党建读物出版社,2019年,第97页。
[③] 审图号:GS(2016)1630号。

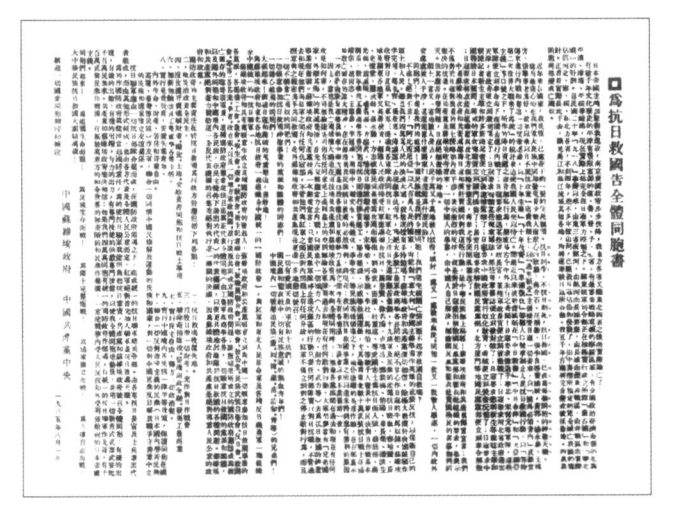

图 2-36　1935 年 10 月 1 日，中国共产党在《救国报》上发表《中国苏维埃政府、中国共产党中央为抗日救国告全体同胞书》（即《八一宣言》），提出停止内战、组织全中国统一的国防政府和抗日联军、共同进行抗日救国的政治主张，有力推动了全国抗日救亡运动的高涨
（图片来源：《中国抗日战争地图集》，中国地图出版社，2016 年）

图 2-38　1937 年 8 月 22 日至 25 日，中共中央政治局在陕北洛川召开扩大会议。会议制定了《中国共产党抗日救国十大纲领》，确定了全面抗战的路线和持久战的战略总方针
（图片来源：《中国抗日战争地图集》，中国地图出版社，2016 年）

图 2-37　1936 年 12 月 12 日张学良、杨虎城发动西安事变后的第二天，《西京民报》（1936 年 6 月由张学良出资创办）、《中央日报》（国民党中央机关报）和当时蜚声全国的《大公报》等报纸刊登的相关消息

年 7 月 7 日，日本帝国主义为发动全面侵华战争在卢沟桥制造了武装挑衅事件，即"七七事变"，标志着中国全民族抗战的开始。8 月，国共双方达成合作抗日协议，将红军主力改编为国民革命军第八路军①。同月 22 日至 25 日，中共中央在陕北洛川召开政治局扩大会议（即洛川会议），通过了《中共中央关于目前形势与党的任务的决定》和《中国共产党抗日救国十大纲领》（图 2-35～图 2-38）。

---

① 中共中央于 1937 年 7 月 15 日将《中国共产党为公布国共合作宣言》送交国民党，8 月中旬，蒋介石被迫同意将陕北的中央红军改编为国民革命军第八路军。至 1946 年 6 月国民党发动内战之前，这期间为第二次国共合作。

（三）中共领导下的敌后抗战

抗日战争进入战略相持阶段后，日军迫于战线太长、兵力不足，在其后方留有广阔的地区，这些地区成为中国抗日军民发动游击战争，消耗敌人，壮大自己的空间。八路军主力进入河北，先后建立起北部的晋察冀根据地和南部的晋冀鲁豫根据地。此外，河北东部还建立了冀鲁边抗日根据地（属山东抗日根据地）。河北主要的抗日根据地历史发展进程如下：

1. 晋察冀抗日根据地

"七七事变"以后，由于国民党军队败退，太原失陷后，地处华北北部的晋察冀广大地区，很快沦为敌人的后方。日军主要沿平绥、平汉、津浦等铁路长驱南下和西进，加之兵力不足，无暇后顾，因此，除铁路干线和平津等重要城市以外的广大地域，敌伪政权和统治秩序尚未建立起来。这为八路军放手发动群众，开展敌后游击战争，建立抗日根据地，提供了有利的时机[1]。根据"洛川会议"中的开辟敌后战场的战略任务和战略方针政策，1937年10月，八路军第一一五师主力由五台山南下，政治委员聂荣臻率领一部分部队和军政干部共约3000余人，以五台山地区为中心组织开展根据地创建工作。11月7日，根据中共中央决定，以阜平、五台为中心的晋察冀军区成立，聂荣臻为司令员兼政治委员，下辖4个军分区。1938年1月10日，晋察冀边区军政民代表大会在阜平县城第一完全小学召开，会议经民主选举，成立了晋察冀边区行政委员会[2]。晋察冀边区最初仅限于平汉、平绥、同蒲、正太铁路之间的晋东北、察南、冀西的山地、半山地。成立时辖36个县，其中21个县在今河北省境内（图2-39～图2-42）。

图2-39 八路军第一一五师在聂荣臻的率领下，以五台山为中心，在华北创建了第一个敌后抗日根据地——晋察冀抗日根据地。图为晋察冀军区司令员兼政治委员聂荣臻亲临前线指挥作战
（图片来源：《中国抗日战争地图集》，中国地图出版社，2016年）

---

[1] 谢忠厚、肖银成：《晋察冀抗日根据地史》，改革出版社，1992年，第35页。
[2] 初称临时行政委员会，1938年1月下旬，先后得到阎锡山和国民政府军事委员会及行政院的正式批准，即去掉"临时"字样。

图 2-40 晋察冀军区粉碎日军"八路围攻"要图（1937年11月24日～12月21日）①
（图片来源：《中国抗日战争地图集》，中国地图出版社，2016 年）

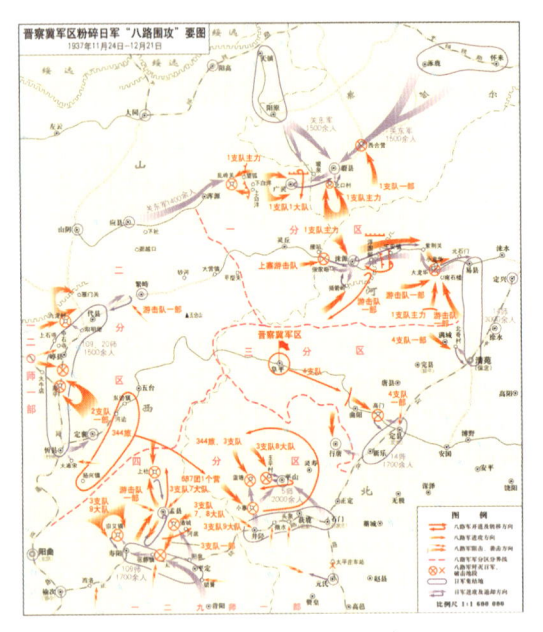

图 2-41 1937 年 10 月，中国共产党领导的华北敌后第一个抗日县政府——阜平政府成立，王平任县长（后张苏接任）。图为阜平县政府
（图片来源：晋察冀边区革命纪念馆）

图 2-42 1938 年 1 月 10 日至 15 日，晋察冀边区军政民代表大会在阜平召开，成立了晋察冀边区临时行政委员会，这是中国共产党在敌后建立的第一个统一战线性质的抗日民主政权。图为全体代表合影
（图片来源：晋察冀边区革命纪念馆）

1938年1月，受晋察冀军区领导的人民自卫军返回冀中，与河北游击军相配合开展斗争，初步开辟了平津保三角地带。4月，在平汉、北宁、津浦、石德铁路（未成）中间的河北中部平原，冀中平原抗日根据地初步形成，使晋察冀抗日根据地的山地区域与平原区域连接起来，并为在华北敌后平原地区建立抗日根据地创造了成功的经验。1938年3月，开辟平西根据地。7月，中国共产党领导发动了冀东抗日起义，为以后冀热察边区抗日根据地的建立打下基础，并在战略上配合了国民党军队的武汉会战。到1938年10月武汉会战结束和日军开始调集兵力进攻华北敌后时，晋察冀抗日根

---

① 审图号：GS（2016）1630 号。

图 2-43　1938 年 4 月冀中行政主任公署在安平成立，李耕涛为主任（后吕正操兼任主任）。图为冀中第一次行政会议闭幕典礼
（图片来源：晋察冀边区革命纪念馆）

图 2-44　1938 年初，晋察冀军区邓华支队进抵平西，与晋察冀军区第 5 支队相互配合，逐步开辟平西根据地，为八路军挺进冀东创造条件。图为部队攻克京郊碧云寺
（图片来源：晋察冀边区革命纪念馆）

图 2-45　1938 年 7 月，在八路军第 4 纵队配合下，中共冀热边特委发动了声势浩大的冀东抗日大暴动，为开辟冀东抗日游击根据地打下了基础。图为参加暴动的部分战士合影
（图片来源：晋察冀边区革命纪念馆）

据地已扩大到72个县、1200万人口的广大地区（图2-43～图2-45）。

　　武汉会战后，日军将进攻重点由正面战场移到敌后战场，晋察冀边区军民粉碎了日伪军多次"扫荡"。到1940年底，又进一步创建了冀热察区游击根据地。边区政府经过1940年民主大选举运动和《晋察冀边区目前施政纲领》（即《双十纲领》）的颁布实施，建立健全了各级民意机关和行政机关，初步实现了抗日民主政权的"三三制",巩固和发展了边区的新民主主义民主政治。这是晋察冀边区政府在民族矛盾、阶级矛盾十分复杂的敌后特殊条件下所进行的局部执政实践的有益探索,极大地推动了晋察冀边区的社会变革和社会进步,为赢得抗战的全面胜利发挥了积极作用。晋察冀抗日根据地是中国新民主主义制度实施较早的地区,各方面政策比较完备,将新民主主义中国的"模型"具体地、科学地体现了出来,对于促进全国政治的进步起了巨大的推动作用。边区政府还普遍开展群众性的减租减息、生产和合作运动,发展贸易和金融事业,成立了晋察冀边区银行,同时,有效地开展对敌货币斗争、粮食斗争和市场物资的争夺战,使遭到战争破坏的边区财政经济得到恢复和发展。到1940年底"百团大战"结束,边区已发展壮大为晋察冀、冀中、冀热察三个战略区约1500万人口的广大地区(图2-46、图2-47)。

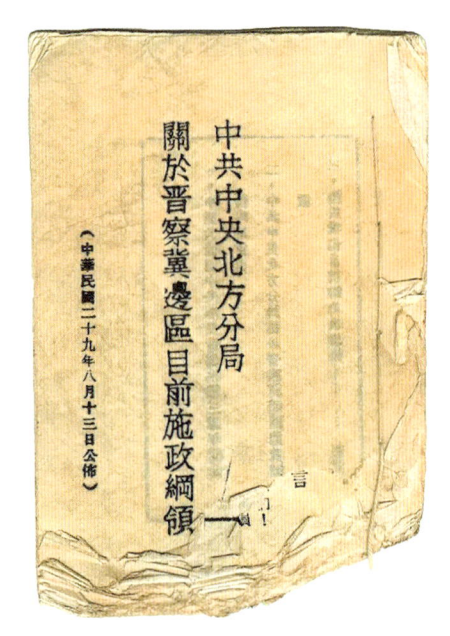

图2-46 为扩大抗日民族统一战线,争取抗日战争的最后胜利,晋察冀边区政府总结抗战经验,根据边区实际情况,于1940年8月13日颁布了《晋察冀边区目前施政纲领》(即《双十纲领》)作为施政指南,极大地推动了晋察冀边区的社会变革和社会进步,为赢得抗战的全面胜利发挥了积极作用
(图片来源:侯马市人民政府网站)

图2-47 1940年8月20日至12月5日,八路军对华北日军各主要交通线和通信设备进行了大规模破袭。因参战八路军达到105个团,故称"百团大战"。图为百团大战中晋察冀一分区三团战士向井陉矿区日军发起进攻
(图片来源:《中国共产党河北历史》第一卷,中共党史出版社,2021年)

图2-48 1942年5月1日,日军采取"铁壁合围"战术,对冀中平原抗日根据地进行空前残酷的大"扫荡"。在中国共产党的领导下,冀中军民开始艰苦卓绝的反"扫荡",与日军作战270多次,毙伤日伪军1.14万人。图为反"扫荡"中,冀中人民灵活地与敌人进行村落战
(图片来源:《燕赵壮歌:河北抗战历史图片集》,中共党史出版社,2015年)

图 2-49　左上：1944 年，八路军解放了白洋淀东侧的帻州（图片来源：石少华拍摄）；左下：1945 年 8 月，八路军解放山海关（图片来源：张进学拍摄）；右：1945 年 8 月，晋察冀军区部队从日伪军手中收复张家口（图片来源：石少华拍摄）

　　日军在"百团大战"后，对中国华北敌后战场的进攻更加疯狂和残酷。华北日伪军推行"治安强化"运动和"蚕食"政策，晋察冀抗日根据地遭受严重损失，其巩固区缩小，大部分变为游击根据地、游击区和敌占区。1942 年 9 月，中共北方分局和晋察冀军区召开边区党政军高干会议，制定了"到敌后之敌后去"、开展全面反"蚕食"斗争的方针和措施。主力部队分散活动，武工队、支队深入敌后，广泛开展群众性游击战争。1943 年 9 月到 12 月，边区军民粉碎了日伪军对北岳区为时最长、最野蛮的"毁灭扫荡"，被敌"蚕食"的地区基本恢复，同时，冀东根据地的平原区基本得到恢复，摧毁了敌人制造的部分"无人区"，使日本侵略者掠夺华北"以战养战"、变华北为其蓄谋的一系列侵略战争的"兵站基地"的计划遭到沉重的打击（图 2-48）。

　　晋察冀抗日根据地的局部反攻于 1944 年 5 月间在向敌后伸展的方针下迅速展开，快速地扩大解放区，取得具有战略意义的胜利，并组建了冀晋、冀察、冀中、冀热辽四个二级军区、区党委和区行署。1945 年 1 月至 7 月，晋察冀边区各部队发动了一系列战役，席卷了雁北、察北、热河、辽西，夺取了向东进军的前进阵地，粉碎了日军对冀东的人"扫荡"。1945 年 8 月 10 日起到 11 月底，晋察冀边区各部队举行全面大反攻，解放了热、察两省和广大国土（图 2-49）。

晋察冀抗日根据地是中国共产党创建的第一个敌后抗日根据地，处于抗日战争的最前线，又是联系华北、东北、华中根据地的枢纽，有效地牵制、抗击和消灭了日本法西斯的大量兵力，对坚持华北敌后抗战和全国持久抗战发挥了重大作用。

2. 晋冀鲁豫抗日根据地

从1937年10月中旬起，根据中共中央和毛泽东关于创建以太行山为依托的晋冀豫抗日根据地的指示，八路军前方总部率领第一二九师、第一一五师第三四四旅、山西青年抗敌决死队第一纵队、第三纵队，先后进入太行山地区，同中共晋冀豫省委一起，广泛发动群众，建立抗日政权和武装，创建抗日根据地。到1938年4月下旬，成立了晋冀豫军区和军分区，全面展开广泛的游击战争，晋冀豫抗日根据地初步形成。与此同时，自1937年12月起，第一二九师一部挺进冀南平原地区，与中共冀南特委一起，摧毁日伪组织，改编收编地方游杂武装，建立抗日政权。8月，冀南行政主任公署成立，冀南抗日根据地基本形成。1937年冬至1938年底，冀鲁边、鲁西、湖西等几处根据地相继建立，为形成冀鲁豫根据地打下了基础。到1938年10月，第一二九师由9000余人迅速发展到5万余人（图2-50、图2-51）。

1938年10月，抗日战争进入战略相持阶段。日军集中主要力量进攻敌后八路军，对冀南、晋冀豫区和其他根据地不断进行大规模的分割和"扫荡"。第一二九师紧紧依靠广大抗日民众，继续发展游击战争，积极打击敌人，粉碎了日伪军的"扫荡"，保卫了晋冀豫山区根据地，坚持了冀南平原的游击战争。1938年12月起，第一一五师一部进入冀鲁豫地区积极展开对日伪军和国民党顽固派的斗争，使这个地区发展成为冀鲁豫、鲁西、湖西三块抗日根据地。1940年8月1日，冀南、太

图2-50 八路军一二九师主要领导在一起（左起：参谋长李达、政治委员邓小平、师长刘伯承、政治部主任蔡树藩）（图片来源：《燕赵壮歌：河北抗战历史图片集》，中共党史出版社，2015年）

图2-51 1938年2月8日，八路军一二九师东进纵队进入南宫县城后，以华兴公司为司令部驻地（图片来源：《燕赵壮歌：河北抗战历史图片集》，中共党史出版社，2015年）

图2-52 1937年冬至1938年春,一二九师师部与冀豫晋省委在辽县西河头举办了游击战训练班。图为学员们在听课
(图片来源:《燕赵壮歌:河北抗战历史图片集》,中共党史出版社,2015年)

图2-53 1941年8月31日,八路军一二九师在河北发起邢(台)沙(河)永(年)战役。图为八路军一二九师三八五旅部分指战员在战利品前合影(前左坐者为旅长陈锡联)
(图片来源:《燕赵壮歌:河北抗战历史图片集》,中共党史出版社,2015年)

行、太岳行政联合办事处(简称冀太联办)成立,行政上初步实行了统一领导。冀鲁豫区也分别成立了鲁西区行政主任公署、冀南六县行政督察专员公署。由此,晋冀鲁豫全区从分散的、各自为政的根据地开始走向统一,为建立统一的晋冀鲁豫边区政府打下了良好的基础(图2-52)。

1941年,敌后抗日游击战争进入更加艰苦困难的阶段。日军推行"强化治安运动",多次对晋冀鲁豫根据地"扫荡",并实行灭绝人性的"三光"政策,使抗日根据地呈现日益严重的困难局面。为此,晋冀鲁豫根据地大力组织游击集团,加强边沿对敌斗争,开展对敌政治攻势,打击敌人的"蚕食"进攻。为适应斗争形势需要,1941年7月,晋冀鲁豫边区政府宣告成立,辖太行、太岳、冀南、冀鲁豫四个行政区,晋冀鲁豫根据地在更大范围上实现了统一。1941年12月太平洋战争爆发后,日伪军加紧了对敌后抗日根据地的进攻,妄图彻底摧毁抗日根据地。在敌空前残酷的全力进攻下,晋冀鲁豫根据地受到很大摧残。在极端困难的情况下,全区军民对敌进行了顽强斗争,坚持和巩固了根据地(图2-53)。

从1943年开始,日本帝国主义在太平洋战场和中国战场上的形势发生变化,晋冀鲁豫根据地开始走向恢复和再发展时期。晋冀鲁豫根据地军民继续贯彻"敌进我进"方针,组织更多的武工队、小部队,深入敌后,大力瓦解伪军、伪组织,坚决打击日伪军的"蚕食"和"扫荡"。1944年,晋冀鲁豫根据地军民对敌展开局部反攻,对深入根据地腹心地区的日伪据点发动攻势,大大改变了根据地被分割、封锁的局面。1945年,晋冀鲁豫军民展开大规模的攻势作战,连续进行了道清、豫北、南乐、东平、安阳、阳谷等战役,歼灭了大量敌人,根据地迅速得到恢复和扩大。8月,晋冀鲁豫根据地军民对日伪展开全面反攻,使太行、太岳、冀南、冀鲁豫四区连成一片。8月20日,中共中央决定成立中共晋冀鲁豫中央局和晋冀鲁豫军区

图 2-54　1945年1月16日，晋冀鲁豫部队解放冀南重镇大名后召开庆祝大会
（图片来源：《燕赵壮歌：河北抗战历史图片集》，中共党史出版社，2015年）

图 2-55　1945年7月2日，荼毒南宫人民6年之久的日军弃城而逃，南宫回到人民手中。图为人们在欢庆南宫解放
（图片来源：《燕赵壮歌：河北抗战历史图片集》，中共党史出版社，2015年）

（图2-54、图2-55）。

晋冀鲁豫根据地是抗日战争时期全国面积最大、人口最多的根据地，是抗击日伪军的主战场之一，是陕北根据地和党中央的重要战略屏障。在中国共产党领导下，根据地军民不但同敌人进行了长期而英勇的斗争，还在政权、经济、文化、社会建设等方面取得巨大成绩。

六、夺取解放战争全面胜利

抗日战争胜利后，国民党发动对解放区的全面进攻，解放战争爆发。随着解放战争的不断推进，1947年11月，石家庄解放后，晋察冀和晋冀鲁豫两大解放区连成一片。1948年9月，华北人民政府在平山成立，它的施政探索，为中央人民政府成立，提供了宝贵的经验，做出了不可磨灭的历史贡献。在华北人民政府领导下，华北解放区人民积极开展支前工作，在几个战线上，数百万的民兵民工服务于各种战争勤务，不惜流血牺牲全力支援前线作战，支援了晋中战役、淮海战役、平津战役、太原战役、新乡战役、安阳战役等。

（一）晋察冀边区

1945年8月15日，日本正式宣布无条件投降后，为适应新的形势，8月20日，中共中央决定撤销北方局，分别成立晋冀鲁豫中央局和晋察冀中央局。9月10日，晋察冀中央局在张家口正式宣告成立，同时，边区党政军民领导机关移驻张家口市。1945年11月13日和15日，热河省委、省政府和察哈尔省委、省政府先后成立。至此在行政区划上，晋察冀边区共辖察哈尔、热河2个省，冀晋、冀中、冀东3个区行署，1

图 2-56 察哈尔省人民代表大会代表列队走出会场
（图片来源：石少华拍摄）

图 2-57 察哈尔省人民政府主席张苏在察哈尔省人民代表大会闭幕式致辞
（图片来源：石少华拍摄）

个直辖市[①]（图2-56、图2-57）。

1946年10月，国民党军侵占张家口，晋察冀边区党政军民领导机关又撤回到阜平一带。1947年3月18日，党中央主动撤离延安，中央工作委员会进入晋察冀解放区。10月11日，晋察冀边区主力部队发动清风店战役并取得重大胜利。11月12日，解放了石家庄，使华北两大解放区连成一片，战略形势发生了重要变化。为使冀察热辽和东北解放区形成统一的力量，造成对东北国民党军队的东西夹攻之势，中共中央将冀察热辽中央分局及下属的热河省、冀热察区、冀东区划归东北中央局和军区领导，晋察冀边区的区域缩为北岳区和冀中区（图2-58、图2-59）。

1948年5月，中共中央机关在毛泽东等率领下，到达晋察冀边区的西柏坡村与中央工委会合。从此，西柏坡成为中国共产党指挥人民解放军夺取解放战争决定性胜利的中心。为了形成统一、巩固的大后方，同时为建立全国性的政权做准备，中共中央决定将晋察冀和晋冀鲁豫两大解放区统一为华北解放区。8月7日至19日，华北临时人民代表大会在石家庄召开。会后，华北人民政府在平山正式诞生。自此，晋察冀边区胜利完成了历史使命（图2-60、图2-61）。

晋察冀边区军民经受了战争的洗礼和生死考验。在艰苦卓绝的革命斗争中，晋察冀边区军民有许多新的开拓和创造，不

图 2-58 1946年4月晋察冀军区司令部，聂荣臻向士兵敬礼

---

① 谢忠厚、肖银成：《晋察冀抗日根据地史》，改革出版社，1992年，第587页。

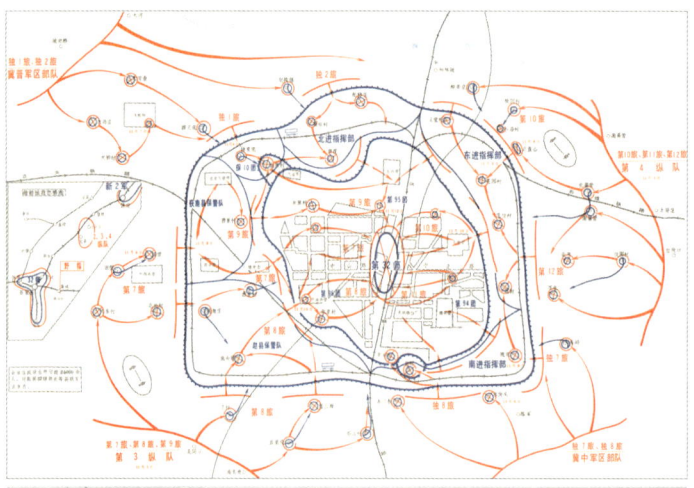

图 2-59 1947 年 11 月 6 日，晋察冀野战军和地方部队发起石家庄战役，并于 11 月 12 日解放石家庄。上图：石家庄战役经过要图（图片来源：《华北第三次国内革命战争史》，河北人民出版社，1990 年）。下图：人民解放军向石家庄国民党军核心工事发起进攻（图片来源：《中国共产党河北历史》第一卷，中共党史出版社，2021 年）

图 2-60 1948 年 8 月 7 日至 19 日，华北临时人民代表大会在石家庄人民礼堂召开，为了保密和与会代表的安全，对外称作"石家庄生产工作会议"。1956 年，"人民礼堂"更名为"人民影院"（图片来源：华北人民政府成立大会会址纪念馆）

图 2-61 1949 年 9 月，华北人民政府部分领导人在平山县王子村合影
（图片来源：华北人民政府成立大会会址纪念馆）

仅在对敌斗争上，而且在党建、建军、建政、群众工作和财政经济、文化教育，特别是土地改革等方面，创造了伟大的业绩，总结了丰富的经验。许多宝贵经验被中共中央转发推广或为其他根据地所借鉴，也为新中国的建设积累了宝贵经验。

（二）晋冀鲁豫边区

抗日战争胜利后，国民党集中军队向山西的上党地区、河北的平汉沿线急进，妄图侵占上党地区，控制平汉线，进而夺取华北解放区。为了保卫根据地，晋冀鲁豫解放区进行了上党、邯郸（平汉）等战役，歼敌约13万人，粉碎了国民党军打通平汉铁路的企图，阻滞了国民党军队向华北等解放区的推进。邯郸战役时高树勋起义，开创了解放战争时期国民党高级将领率部起义的先例，有力地配合了中国共产党反击国民党反动派内战阴谋的军事和政治斗争。1946年6月，国民党军队向解放区实行全面进攻，全区军民英勇开展了自卫战争，连续发动一系列战斗战役，粉碎了国民党军队妄图打通平汉路、津浦路，歼灭我军主力的阴谋，恢复和扩大了解放区。解放战争进行一年后，晋冀鲁豫解放区以野战军主力执行外线作战任务，以一部分兵力及广大地方部队继续在内线歼敌。从1947年6月30日起，晋冀鲁豫野战军分刘邓、陈谢两大集团，向大别山和豫西挺进，揭开了战略进攻的序幕。冀鲁豫边区军民继续坚持内线作战，肃清残余敌人，解放敌占城镇，认真开展土地改革和整党运动，大力恢复和发展生产，在人力、财力、物力上全力支援前线，支援全国解放（图2-62～图2-64）。

图2-62 1945年10月中旬，国民党军队进攻邯郸，晋冀鲁豫军区部队于24日发起邯郸战役，并争取国民党第十一战区副司令长官兼新八军军长高树勋率部起义。图为在武安召开的庆祝高树勋部队起义大会
（图片来源：《中国共产党河北历史》第一卷，中共党史出版社，2021年）

图2-63 高树勋（1898～1972）河北盐山县人。1945年10月30日，高树勋率部在邯郸马头镇宣布起义，以通电形式向全国发出《停止内战团结建国的起义宣言》。12月15日，毛泽东为中共中央起草的《一九四六年解放区工作的方针》中正式提出在全党全军开展"高树勋运动"
（图片来源：《高树勋将军》，团结出版社，1995年）

图 2-64　晋冀鲁豫野战军胜利到达大别山区
（图片来源：《老战士摄影》，辽宁美术出版社，1983 年）

图 2-65　1948 年 5 月 26 日《大众日报》1841 期刊登新华社华 21 日电：为适应华北新形势需要，晋察冀、晋冀鲁豫两大解放区合并，成立华北党政军统一机构

　　1948年5月20日，根据中共中央的指示，中共晋冀鲁豫中央局和晋察冀中央局合并为中共华北中央局，晋冀鲁豫解放军和晋察冀解放军合并为华北人民解放军，两个边区政府合并暂成立华北联合行政委员会。1948年9月26日，华北人民政府正式成立。至此，晋冀鲁豫边区完成了自己光荣的历史使命（图2-65）。

　　晋冀鲁豫根据地作为强大的后方基地为全国解放战争的胜利奠定了基础，培养了一大批治党治军治国的栋梁之材，为革命战争的胜利、中华民族的解放和新中国的诞生做出了不可磨灭的重大贡献，为后人留下了极为宝贵的精神财富。刘伯承、邓小平在领导创建晋冀鲁豫根据地和长期对敌斗争中，培养了大批治党治军治国的优秀人才。

　　中共中央、中央军委在西柏坡时期，是人民解放军与国民党军队展开战略决战的时期，是党中央进入北平、解放全中国的最后一个农村指挥所。中共中央和中央军委在西柏坡运筹帷幄，组织了包括辽沈、淮海、平津三大战役在内的多次重大战役，解放了长江以北广大地区，为解放全中国奠定了基础。在西柏坡召开的中国共产党第七届中央委员会第二次全体会议，是中国革命处于转折关头召开的一次极其重要的会议。全会讨论了中国革命在全国胜利的局面下，党的工作重心由乡村转到城市、以生产建设为中心的问题。会议规定了党在全国胜利后，使中国由农业国转变为工业国、由新民主主义社会发展为社会主义社会的总任务和主要途径。会议上向全党提出"务必使同志们继续地保持谦虚、谨慎、不骄、不躁的作风，务必使同志们继续地保持艰苦奋斗的作风"要求。这次会议对迎接中国革命的全国胜利、对建设新中国，从政治上、思想上、理论上做了准备，描绘了新中国的宏伟蓝图

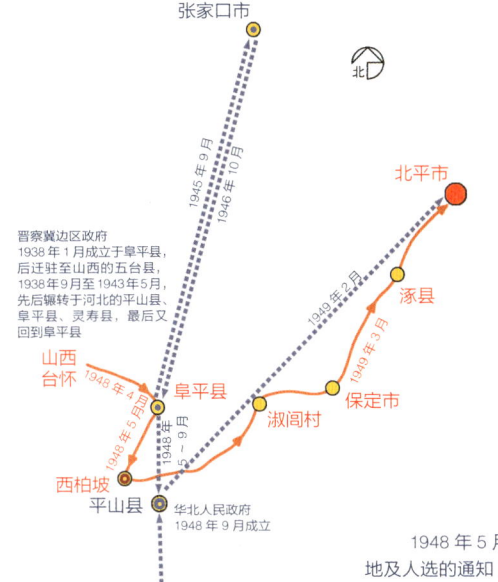

1945年抗日战争胜利后，国民党发动全面内战，1947年3月，国民党重点进攻陕甘宁和山东两大解放区，3月18日，中共中央机关主动撤离延安，开始转战陕北。1947年3月29日，陕北"枣林庄会议"决定成立中央工作委员会。4月，中共中央工作委员会到达阜平县城南庄，5月，在平山县和建屏县一带村庄了解情况后，决定定址西柏坡。7月至9月，中央工作委员会在西柏坡召开了全国土地会议，颁布了《中国土地法大纲》。11月，石家庄解放，晋察冀和晋冀鲁豫解放区连成一片。1948年3月，中共中央做出向华北转移同中央工作委员会汇合的决定。4月，中共中央到达城南庄，之后转驻西柏坡，5月26日，毛泽东从阜平花山村移驻西柏坡。1948年9月至1949年1月，中共中央、中央军委在西柏坡组织并指挥了辽沈、淮海、平津等20多次重大战役。1949年3月，中共七届二中全会决定中共中央由西柏坡迁往北平，3月23日经灵寿、行唐、唐县到达淑闾村，24日中午到达保定，下午经徐水、定兴、新城到达涿县，25日凌晨毛泽东乘火车经良乡、丰台到达北平清华园火车站，下午3时毛泽东等前往西苑机场，受到北平各界代表和已经抵达北平的160多位民主人士热烈欢迎，并检阅部队。

1948年5月9日中央军委发出《关于改变华北、中原解放区组织、管辖境地及人选的通知》，宣布将晋察冀、晋冀鲁豫两解放区合并为华北解放区，两个中央局合并为中共中央华北局，两个军区合并为华北军区，两边区政府合并为华北联合行政委员会。5月20日，晋察冀和晋冀鲁豫两边区政府实行联合办公。8月7日至19日，华北临时人民代表大会在石家庄召开。9月26日，华北人民政府在平山县正式成立，晋察冀和晋冀鲁豫两边区政府随即宣布撤销。1949年2月，华北人民政府迁往北平市。10月，中华人民共和国中央人民政府委员会成立。10月27日，中央人民政府发布《中央人民政府主席毛泽东关于撤销华北人民政府令》，28日，华北人民政府发布《华北人民政府结束工作的公告》，至1949年10月，华北人民政府颁布与制定了200余项相对完善的法令、条例、规章、通则、细则、办法、训令等，胜利地完成了历史赋予的任务。1949年11月1日，以华北人民政府机构和人员为基础整建制组建起来的中华人民共和国中央人民政府开始办公。

图2-66 中共中央和华北人民政府在河北的迁驻过程及历史沿革
（图片来源：自制）

（图2-66、图2-67）。

华北人民政府被誉为新中国中央人民政府的雏形，它成立以后把支援前线和发展生产作为两大重要任务，为取得解放战争的胜利做出了重要贡献。华北人民政府积极探索，为新民主主义的政权建设、经济建设、文化建设等积累了宝贵经验，为新中国中央人民政府的成立奠定了坚实的基础，做出了不可磨灭的贡献。

党的七届二中全会后，中共中央和军委机关决定从西柏坡迁往北平，毛泽东向全党提出了"进京赶考"的重大命题，充分体现了无产阶级政党及其领袖的清醒头脑和革命气魄，正是这种面对胜利的自警自励和忧患意识使得中国共产党不断发展壮大，取得今天的辉煌成就。

以毛泽东为代表的中国共产党人，把马克思

图2-67 1949年3月27日《新华日报（太行版）》关于中国共产党七届二中全会的报道

列宁主义的基本原理与中国革命的具体实践相结合，在指挥全国解放战争的实践过程中，科学解决了如何建立一个独立、民主、富强的新中国和如何在执政后保持党的先进性、纯洁性的两大问题，并在实践中实现了理论升华，形成了西柏坡精神。西柏坡精神是对红船精神、井冈山精神、长征精神和延安精神等一系列革命精神的继承和发扬。西柏坡精神对于我们加强党的执政能力、建设中国特色社会主义和实现中国梦都发挥着不可或缺的重大作用。

第三节　社会主义革命和建设时期

自1949年7月河北省委恢复建立到1978年12月党的十一届三中全会召开的29年，是我党开创社会主义新纪元并领导河北人民全面展开社会主义建设的历史。是我党承前启后、继往开来、创业奠基而又曲折复杂的历史。从1949年至"文化大革命"爆发的1968年的19年里省会3次搬迁，这在全国"省会史"上是独一无二的。建省初期河北是缺粮省，工业基础也薄弱。为解决粮食问题，省委、省政府带领全省人民以改天换地的英雄气概，同贫穷落后的农业生产面貌进行了顽强斗争，以愚公移山的精神，开山填涧，取土造田，展开改造家园的生产运动，涌现了如遵化的沙石峪、平山的南滚龙沟等典型。为改善生产条件，促进农业发展，从1965年到1980年开展了根治海河运动，完成了一系列的整修工程，从根本上对海河进行了治理，使

图2-68　20世纪五六十年代，遵化市沙石峪村人民面对"土如珍珠水如油，满山遍野大石头"的恶劣农业生产条件，在党支部书记张贵顺的带领下，发扬愚公移山精神，战天斗地，改造自然，创造了"万里千担一亩田，青石板上创高产"的人间奇迹。周恩来总理曾两次来沙石峪视察，称赞沙石峪人是"当代活愚公"和"中国北方农业的一面旗帜"
（图片来源：河北新闻网）

图2-69　1958年6月3日，华北制药厂生产的第一批青霉素正式下线，结束了我国青霉素依赖进口的历史，使国内青霉素从堪比黄金的价格直接降至几毛钱一支
（图片来源：httpsgss0.baidu.com70cFfyinKgQFm2e88IuM_abaikepicitemf9dcd100baa1cd118ef9fd33b612c8fcc3ce2d52.jpg）

图2-70 保定电影胶片厂是我国第一座照相化学联合企业，于1958年7月1日在保定市西郊工业区破土兴建，1962年全部建成投产。图为1958年7月2日《保定日报》在头版头条中报道电影胶片制造厂开工兴建的新闻

图2-71 1950年，石家庄开始合股筹建公营石家庄纺织股份有限公司（即棉纺六厂），1953年，按照纺织部规划，华北纺织管理局决定在石家庄市区兴建四个棉纺织厂和一个印染厂组成的纺织印染联合基地。1953年4月，棉一破土兴建。棉二、棉三、棉四分别于1955年、1956年、1957年建成投产。在长安区和平中路北侧，棉一至棉四和第一印染厂自西向东连成一体

海河旧貌换新颜。"一五"计划期间，在苏联的援助下，建立起了华北制药厂、保定电影胶片制造厂、承德钢铁公司、峰峰煤矿、石家庄热电厂、保定造纸厂、保定化纤厂、石家庄棉纺厂、邯郸棉纺厂等，为河北的工业和制造业奠定了基础。"文化大革命"开始后，全国煤炭产量下降，开滦煤矿干部职工，顾大局、识大体，千方百计挖掘老矿潜力，提高产量，超额完成"三五"计划，周恩来总理称赞开滦"流了汗，出了力，作了贡献，救了急"。"四五"计划时期，开滦实现了原煤产量翻番，成为工业战线的旗帜（图2-68~图2-71）。

河北作为全国唯一一个环京津的省份，为京津地区的环境气候治理做出了突出贡献。20世纪60年代初，为改变"风沙紧逼北京"的严峻形势，国家下决心建设一个大型国有林场，恢复植被，阻断风沙。1962年塞罕坝机械林场正式组建，来自全国18个省区市的127名大中专毕业生奔赴塞罕坝，与当地干部职工一起，组成一支369人且平均年龄不足24岁的创业队伍，开始了战天斗地的拓荒之路，塞罕坝的造林绿化历史帷幕就此拉开。他们以青春、汗水甚至血肉之躯，筑起了京津阻沙涵水的"绿色长城"，使茫茫荒原变成万亩林海。在党的召唤下，一批又一批、一代又一代年轻建设者们，不断进行绿色接力，在忠于使命、接续奋斗的信念下，使"塞罕坝精神"跨越时空薪火相传（图2-72）。

在自然灾害面前，河北人民同样是无畏无惧，勇于担当。1966年3月8日至29

日，邢台地区连续发生了5次里氏6级以上地震，这是新中国成立之后发生在人口稠密地区的第一次大地震，震后周恩来总理代表党中央和中央政府三赴灾区，指挥救灾，慰问群众，极大地鼓舞了邢台人民灾后重建的信心与斗志。灾区人民努力生产，重建家园，夺取了抗震救灾的重大胜利。邢台地震为我国开展大规模震后应急救援积累了宝贵经验，加速了我国地震工作队伍的建设和发展，拉开了我国大规模开展地震预报科学实践的序幕。十年多后的1976年7月28日，唐山丰南一带发生里氏7.8级强烈地震，百年名城瞬间夷为平地，灾害发生后，在党和国家的正确领导下，在全国人民的支援下，英雄的唐山人民在灾害面前不低头，以"公而忘私、患难与共，百折不挠、勇往直前"的"抗震精神"迅速恢复了灾区生产生活，生产出振奋人心的"抗震煤""抗震电""抗震车""抗震钢"等[①]，如今的唐山早已涅槃重生，"抗震精神"也早已是融入唐山人血脉中的一种城市精神。1990年，重建后的

图 2-72 1962年，为改善当地自然环境，为京津阻沙源、涵水源，建设首都北部的生态屏障，林业部决定在河北北部建立塞罕坝林场。图为轰轰烈烈展开机械化造林
（图片来源：《中国绿色时报》2019年6月11日，第3版）

图 2-73 1966年3月8日，河北省邢台隆尧县发生6.8级地震，3月22日，邢台的宁晋县又发生7.2级的大地震。两次地震共死亡8064人，伤38000人，直接经济损失10亿元。地震发生后，周恩来总理三赴震区。图为1966年3月9日，周恩来总理在慰问邢台地震灾区民众
（图片来源：《中国航空报》2021年4月17日，第3658期，第A04版）

图 2-74 在全国大力支援下，唐山在大地震之后一百二十天，工业生产整体恢复震前水平，水泥、陶瓷、纺织等行业也纷纷恢复生产。（左上图：开滦马家沟矿在震后第十天生产出第一车"抗震"煤；右图：唐山机车厂在震后二十天造出第一台"抗震"机车；左下图：唐山钢铁公司在震后二十八天炼出第一炉"志气钢"）
（图片来源：唐山发布）

---

① 指的是唐山在震后七天组装出了第一批自行车；震后十天生产出第一车煤；震后十四天发电厂开始发电；震后二十天造出第一台机车；震后二十八天炼出第一炉钢。

唐山成为中国首个荣获联合国"人居奖"的城市,唐山抗震精神至今仍在激励着唐山人民不断前进(图2-73、图2-74)。

29年间,河北各级党组织带领人民艰苦奋斗,胜利完成了由新民主主义向社会主义的历史性转变,确立了社会主义的基本政治制度,建立了现代农业基础,初步实现了粮食自给,建立了门类比较齐全的工业体系,初步实现了社会主义工业化,教育、科学、文化、卫生事业有了很大发展,人民生活水平普遍提高[①]。

第四节　改革开放和社会主义现代化建设新时期

自1978年12月党的十一届三中全会开始,我们党和国家进入了改革开放和社会主义现代化建设新时期,这一时期是河北发展最平稳、成就最辉煌的时期。在这期间河北突出本省特色,解放思想,勇于改革,抓住历史机遇,乘势而上,加快发

图2-75　1978年12月,秦皇岛港煤炭码头一期工程列入我国"六五"期间108个重点建设项目之一。1983年,我国第一座自行设计、施工,装卸设备自己制造、安装的大型煤炭输出专业码头建成,从此确立了秦皇岛港作为国家能源输出大港的地位。图为轮船靠泊在秦皇岛港煤炭码头装货
(图片来源:《河北日报》)

---

① 中共河北省委党史研究室:《壮丽与辉煌的历史画卷——中共河北90年历史综述》,《党史博采(纪实版)》2011年第7期,第4~8页。

图 2-76　自改革开放以来，河北省坚持以经济建设为中心，大力实施扩大内需战略，经济保持平稳较快发展。2012 年全省生产总值 26575 亿元，同比增长 9.6%。图为省会城市石家庄
（图片来源：长城网）

展。改革开放初期，在农业方面实行生产责任制，将发展经济作物和多种经营的思路相结合，调整农业布局，发展农业商品生产，改变了片面追求粮食产量的做法，通过提高农副产品收购价格，增加了农民收入。在工业方面积极改革经济体制，大力推进科技进步，把提高经济效益放在首位。全省除农业外，还将能源、交通、科技、教育作为全省经济发展的战略重点。在对外开放方面将秦皇岛市作为全省对外开放的窗口，大力发展对外贸易，在省内与跨省之间开展经济协作，形成规模不等、各具特色的区域性经济协作组织。1992 年邓小平南方谈话和党的十四大之后，河北省进入全面改革开放阶段，先后经历了"科技兴冀""一线两厢""东出西联"等战略期。在此期间，河北充分发挥地域优势，以秦皇岛、唐山等沿海城市为依托，以环渤海湾、环京津冀为重点，以石家庄、保定、邯郸等优势城市为带动，大力发展开放经济，对河北省经济社会发展产生了巨大的积极影响（图2-75、图2-76）。

第三章
革命旧址综述

第一节 革命旧址概况

自1840年鸦片战争以来，中国人民抵御外来侵略、维护国家主权、捍卫民族独立、争取人民自由；中华人民共和国成立后，中国共产党领导中国人民进行社会主义革命、建设和改革。不同历史时期在河北省留下了大量的革命旧址，这些革命旧址内容丰富、类型多样、价值高、影响大，见证了无数优秀燕赵儿女在党的领导下为民族独立和解放，为人民幸福和国家富强前赴后继、英勇奋斗的历程。经过深入调查，至2021年5月，全省登记不可移动革命文物1818处，其中全国重点文物保护单位15处，省级文物保护单位56处，市县级文物保护单位524处，参照革命文物管理的446处[①]。

一、分布情况

河北省革命旧址按行政区划分布，石家庄市、邯郸市、保定市的革命旧址最多，其次是唐山市、邢台市、张家口市、衡水市、承德市、廊坊市、沧州市、秦皇岛市。具体分布情况为：石家庄市470处（含辛集市14处），约占34.2%；邯郸市353处，约占25.7%；保定市198处（含雄安新区15处、定州市4处），约占14.4%；唐山市70处，约占5.1%；邢台市68处，约占5%；张家口市61处，约占4.5%；衡水市37处，约占2.7%；承德市34处，约占2.5%；廊坊市34处，约占2.5%；沧州市30处，约占2.2%；秦皇岛市17处，约占1.2%（图3-1）。通过调查和数据分析，河北省的革命

---

① 参照革命文物管理的主要是指反映侵华日军罪行及帝国主义在华罪行的罪证类史迹、实物等有关历史遗存遗迹，本报告对此类不做统计分析。

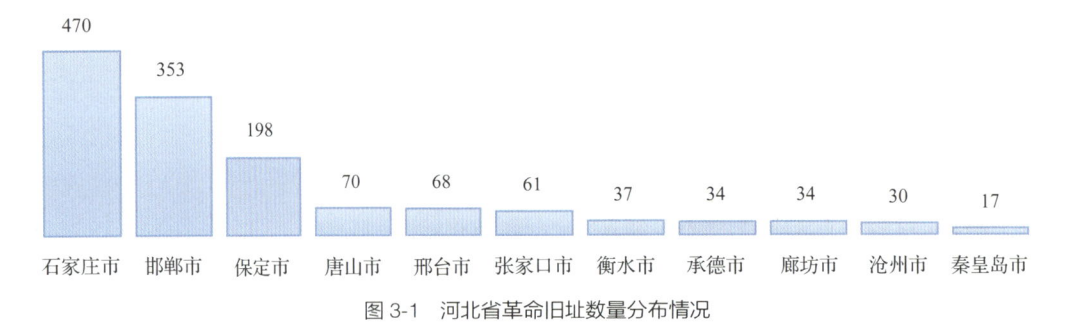

图 3-1　河北省革命旧址数量分布情况

旧址总体分布呈现西部密集，东部稀疏的特点，主要沿太行山和燕山山脉分布，冀中、冀南和冀东平原地区保存的革命旧址较少。

二、保护级别

河北省革命旧址的文物保护级别包括：全国重点文物保护单位15处，约占1%；省级文物保护单位56处，约占4%；市县级文物保护单位524处，约占38%；尚未核定公布为文物保护单位的不可移动文物777处，约占57%（图3-2）。省级以上文物保护单位分布数量，石家庄市和邯郸市的数量较多，其次是张家口市、保定市、承德市、唐山市、邢台市、定州市、沧州市、秦皇岛市（图3-3）。在这些革命旧址里，革命历史价值高的文物保护级别相对也高。

图 3-2　河北省革命旧址保护级别

图 3-3　省级以上文物保护单位革命旧址数量分布情况

三、革命旧址类型

河北省革命旧址主要分为传统民居和公共建筑两种建筑形式，传统民居在数量上占比最大，公共建筑在数量上占比较小，主要包括庙宇、教堂、纪念建（构）筑物等。河北地域属温带大陆性季风气候，冬季寒冷，因此平原地区建筑多为坐北朝南而建，山区建筑多为靠山而建，选用当地的砖、石、木等建筑材料建设，建筑形制多为硬山建筑。这些革命旧址虽然多为传统民居，但其承载的革命历史信息具有深厚的社会教育价值，作为革命历史的见证，使人们可以重返历史现场，重温红色记忆，社会影响深远。经调查，目前河北省革命旧址主要分为5种类型（图3-4、图3-5）：

图 3-4 河北省革命旧址主要类型

类型1：重要机构和重要会议旧址。其中重要机构主要指的是中国共产党早期组织，中共中央地方组织，中共领导的军事组织、政权组织、群众组织、教育文化组织、经济组织，以及国共合作组织、相关国际性组织等遗存；重要会议旧址主要指的是在中国革命历史中，相关革命组织（主要与中国共产党相关）举行的与中国革命事业有密切关联的并具有影响力的会议旧址或遗存地。此类革命旧址共368处，占比约26.8%；

类型2：重要人物故居、旧居、活动地或墓地。主要指的是中共中央领导人或对中国革命事业做出贡献的英烈、模范、国际友人的故居、旧居和革命活动地及重要人物的墓地。此类革命旧址共102处，占比约7.4%；

类型3：重要事件和重大战斗遗址、遗迹或军事设施。主要指的是中国共产党的重要会议的召开，重大决策的颁布，重要机构的成立，重要任务的活动，重要文件的制定，经济建设的重大项目、重要成就，以及有重要影响的运动、活动、战役、战斗或相关的军事设施；同时也包括一些与中国共产党的历史密切相关的国际国内重要事件。此类革命旧址共75处，占比约5.5%；

类型4：烈士事迹发生地、烈士墓地或纪念建（构）筑物。主要指的是为中国革命事业牺牲烈士的英雄事迹发生地、烈士墓地或相关的纪念设施。此类革命旧址共786处，占比约57.3%；

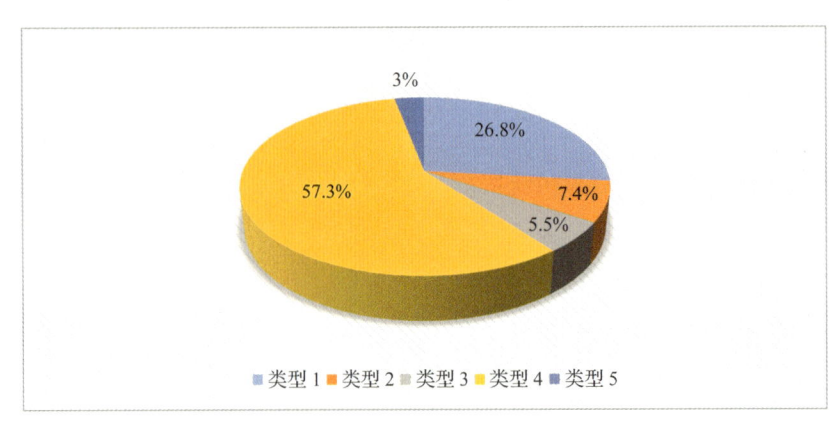

图3-5　河北省革命旧址类型占比

类型5：其他革命史迹及代表性建筑或相关的农业、水利等设施。主要指的是其他类革命旧址或具有革命时代典型性特征的代表建筑；建设的具有革命时代特征的农业、水利等相关设施或基础设施。此类革命旧址共41处，占比约3%。

四、革命旧址的历史时期

按照中国革命历史发展进程，河北省革命旧址也同样分为四个历史时期。其中，旧民主主义革命时期的革命旧址有3处，占比约0.2%，包括全国重点保护单位1处，市县级文物保护单位2处；新民主主义革命时期的革命旧址有1345处，占比约98%，包括全国重点保护单位14处，省级文物保护单位49处，市县级文物保护单位511处，尚未核定公布为文物保护单位的不可移动文物771处；社会主义革命和建设时期的革命旧址有21处，占比约1.6%，包括省级文物保护单位6处，市县级文物保护单位9处，尚未核定公布为文物保护单位的不可移动文物6处；改革开放和社会主义现代化建设新时期的革命旧址有3处，占比约0.2%，包括省级文物保护单位1处，市县级文物保护单位1处，尚未核定公布为文物保护单位的不可移动文物1处。通过数据统计分析，河北省在这四个历史时期中，新民主主义革命时期的革命旧址数量最多，这其中占绝大多数的革命旧址又与抗日战争和解放战争密切相关。

五、产权情况

河北省革命旧址产权性质主要有四种形式：国家所有、集体所有、个人所有、共同所有。产权性质为共同所有的形式为：国家和个人共同所有；集体和个人共同所有；国家、集体和个人共同所有。其中，国家所有464处，约占33.8%；集体所有585处，约占42.6%；个人所有数量为314处，占比22.9%；共同所有9处，约占0.7%（图3-6）。

图 3-6　河北省革命旧址产权情况

第二节　主要革命旧址概述

一、不同时期的革命旧址

通过深入调查，河北省在旧民主主义革命时期、新民主主义革命时期、社会主义革命和建设时期、改革开放和社会主义现代化建设新时期都有着重要和代表性的革命旧址。这些遗存的革命旧址类型丰富，价值高。

（一）旧民主主义革命时期（1840年6月至1919年5月）

河北在旧民主主义革命时期的革命旧址主要以反对外国侵略、反对清政府封建统治相关的文物为主，遗存的不可移动文物较少，但革命历史价值和文物保护级别相对都比较高（表3-1）。反对外国侵略主要是以与义和团运动相关的革命旧址为

表3-1　旧民主主义革命时期旧址

重要历史时段	代表性文物	革命旧址类型	关联性说明
反对外国侵略	义和拳议事厅旧址	重要机构和重要会议旧址	义和拳首领赵三多出生于威县沙柳寨村，义和拳议事厅旧址位于村中，拳民在此开会议事
反对清政府封建统治	辛亥滦州起义旧址	重要事件和重大战斗遗址、遗迹或军事设施	滦州起义后建立的"北方军政府"，确立了滦州是北方革命中心的地位，是辛亥革命的重要组成部分
反对清政府封建统治	吴禄贞墓	烈士事迹发生地、烈士墓地或纪念建（构）筑物	同盟会员，与阎锡山组织燕晋联军，任联军大都督，准备北上推翻清政府统治时被暗杀于石家庄

主，主要分布在邢台和保定地区，代表性文物主要包括重要会议旧址。反对清政府封建统治主要以辛亥革命时期发生的"滦州兵谏"和继而发展成的"滦州起义"相关的革命旧址为主，主要分布在石家庄和唐山地区，代表性文物主要包括重要历史事件的纪念设施和烈士墓地（图3-7、图3-8）。

图 3-7 辛亥滦州起义旧址纪念碑亭，位于滦州市唐山幼儿师范高等专科学校内

图 3-8 吴禄贞墓，位于石家庄市长安公园内

（二）新民主主义革命时期（1919年5月至1949年10月）

河北在新民主主义革命时期的革命旧址主要以马克思主义的传播、工农运动、早期党组织的建立和发展、土地革命战争时期我们党带领人民群众武装反抗军阀反动统治、抵抗日本帝国主义侵略、争取民族解放相关的文物为主（表3-2、表3-3）。

马克思主义的传播与党组织的建立、大革命时期党组织在河北的发展、土地革命战争时期我们党带领人民群众武装反抗国民党反动统治相关的革命旧址遗存的数量一般，主要以党组织成立的旧址、武装反抗军阀和国民党反动统治运动、牺牲烈士的

表3-2 新民主主义革命时期旧址（一）

重要历史时段	代表性文物	革命旧址类型	关联性说明
马克思主义的传播与党组织的建立	李大钊故居、江浩故居、韩文公祠	重要人物故居、旧居、活动地或墓地	李大钊、江浩是北京共产主义小组发起成立者和早期成员，是早期的马克思主义传播者和中国共产党党员
	育德中学旧址、布里留法工艺学校旧址	重要机构和重要会议旧址	马克思主义传播的过程中，还有一条特殊的渠道和一支特别的队伍——五四运动前后出国勤工俭学的青年知识分子
大革命时期河北早期党组织的发展	察哈尔农民协会旧址、中共正定县正定支部成立旧址、中共磁县特别支部旧址	重要机构和重要会议旧址	国共第一次合作时期成立的党组织和农民协会
	反对赤捐大示威集合点	重要事件和重大战斗遗址、遗迹或军事设施	1927年6月，在中共正定县委领导下，发动群众开展抗交北洋军阀政府第二年的"上忙"和"讨赤捐"斗争，并取得胜利
土地革命战争时期武装反抗国民党反动统治	启化书局旧址、崔野冲革命旧址	重要机构和重要会议旧址	河北地方上成立最早的党组织
	懋华亭	重要事件和重大战斗遗址、遗迹或军事设施	1933年在时任正太铁路局局长王懋功和副局长朱华的支持下，铁路工人们和法国资本家展开斗争，收回正太铁路路权
	张兆丰故居、蔚县西合营师范旧址	重要人物故居、旧居、活动地或墓地	土地革命战争时期牺牲烈士的故居；张苏[①]在蔚县西合营师范传播革命思想
	郭隆真纪念碑、高蠡暴动殉难烈士纪念碑	烈士事迹发生地、烈士墓地或纪念建（构）筑物	土地革命战争时期牺牲烈士的纪念设施

纪念设施等革命旧址为主，主要分布在石家庄、保定、张家口、唐山、邯郸等地区，代表性文物主要包括重要机构、重要人物故居或活动地、重要事件和烈士的纪念设施。如中国第一个传播马克思主义并主张向俄国十月革命学习的先进分子[②]——李大钊故居；先进青年知识分子赴法国勤工俭学前的培训地——育德中学旧址和布里留法工艺学校旧址；华北建立的第一个农民协会——察哈尔农民协会旧址；河北早期成立的党组织旧址——中共正定县正定支部成立旧址、中共磁县特别支部旧址等；重要事件和烈士的纪念设施——高蠡暴动殉难烈士纪念碑、郭隆真纪念碑等（图3-9、图3-10）。

河北在抗日战争时期是长城抗战和华北敌后抗日主战场，对坚持华北敌后抗战和全国持久抗战起到了"坚强堡垒"的作用；在解放战争时期，晋察冀边区和晋冀鲁豫边区对全国战略反攻起到了"前进阵地"的作用，是全国解放战争中的战略基地、后方基地和实践基地。河北在这个时期遗存的革命旧址数量最多，分布最

---

① 张苏（1901~1988），河北蔚县人，1927年加入中国共产党。1929年其利用担任蔚县教育局局长身份作掩护，在蔚县城乡传播革命思想，是蔚县第一个传播马列主义的人。抗日战争胜利后，担任中共察哈尔省省委委员、省政府主席。
② 中共中央党史研究室：《中国共产党历史第一卷（1921-1949）》，中共党史出版社，2011年，第45页。

图 3-9　高蠡暴动殉难烈士纪念碑位于高阳县高蠡暴动烈士陵园内

图 3-10　郭隆真纪念碑，位于邯郸市大名县

表3-3　新民主主义革命时期旧址（二）

重要历史时段	代表性文物	革命旧址类型	关联性说明
抵抗日本帝国主义侵略	晋察冀边区政府及军区司令部旧址、洪河槽村聂荣臻指挥部旧址、八路军"一二九"师东进纵队司令部旧址、冀鲁豫边区抗日根据地领导机关旧址、前南峪抗日军政大学旧址、八路军一二九师司令部旧址、晋冀鲁豫边区政府旧址、八路军一二九师司令部、政治部旧址、白求恩手术室旧址、油盆晋察冀边区银行旧址、八道沟"第一党支部"旧址	重要机构和重要会议旧址	抗日战争时期党政军领导机关、金融机构、新闻出版机构、医疗卫生机构、后勤保障等部门
	戎冠秀故居、柯棣华故居、龙泉武伦佩故居、范筑先故居、武士敏故居、孙永勤故居、魏春波故居、洪麟阁故居、赵博生故居	重要人物故居、旧居、活动地或墓地	英雄模范或抗日英烈的故居
	喜峰口长城、喜峰口长城抗战旧址、黄土岭战役旧址、陈庄歼灭战旧址、深泽永济桥（赵八截击战）、乏驴岭铁桥、冉庄地道战遗址、山底抗日地道遗址、高平地道战遗址、马家坟伏击战遗址	重要事件和重大战斗遗址、遗迹或军事设施	抗日战争时期的重要战斗遗址
	白求恩墓、柯棣华墓、挂云山六壮士跳崖遗址、晋察冀边区烈士陵园、五勇士跳崖处、行唐县抗日烈士纪念塔、晋冀鲁豫烈士陵园、左权将军墓、晋冀鲁豫抗日殉国烈士公墓旧址、苏蒙联军烈士纪念塔、苏联红军烈士纪念碑、小西天三壮士墓、冀东二十五县烈士陵园与抗战胜利纪念楼	烈士事迹发生地、烈士墓地或纪念建（构）筑物	为抵御日本帝国主义侵略、争取人民自由而牺牲的烈士纪念设施
	漳南渠、赤岸村漳南大渠纪念碑、一笔血债碑	其他革命史迹及代表性建筑或相关的农业、水利等设施	抗日战争时期八路军修建的基础设施和记录日本帝国主义罪行的碑刻

续表

重要历史时段	代表性文物	革命旧址类型	关联性说明
争取民族解放	西柏坡中共中央旧址、华北大学旧址、中央人民广播电台旧址、中国人民银行总行旧址、华北育才小学旧址、沕沕水电厂旧址、中共晋冀鲁豫中央局和军区旧址、伯延历史建筑群、邯郸起义指挥部旧址、晋冀鲁豫军区西达兵工厂旧址、太行行署礼堂旧址、晋察冀军区司令部旧址、察哈尔民主政府旧址、峰峰会议旧址	重要机构和重要会议旧址	解放战争时期党政军领导机关、金融机构、新闻出版机构、医疗卫生机构、后勤保障等部门
	高树勋旧居、晋察冀爆炸英雄李混子制雷旧址、石家庄市政府交际处309号院旧址	重要人物故居、旧居、活动地或墓地	为解放事业做出突出贡献者或烈士的故居。石家庄解放后党中央领导人或首长暂居地或活动地
	石家庄大石桥、新保安战役遗迹、清风店战役旧址	重要事件和重大战斗遗址、遗迹或军事设施	解放战争期间重要战斗的遗址
	罗汉坪军工烈士纪念塔、邯郸战役革命烈士墓群、董存瑞烈士陵园	烈士事迹发生地、烈士墓地或纪念建（构）筑物	为中国解放事业而牺牲的烈士纪念设施
	坡山第一部《毛泽东选集》诞生地旧址、永顺渠	其他革命史迹及代表性建筑或相关的农业、水利等设施	出版第一部《毛泽东选集》的纪念地和为后期保障部门修建的相关基础设施

广，内容也最为丰富，代表性文物涵盖了所有革命旧址的类型。如九一八事变后中国军队在华北进行的第一次大规模抗击日本侵略者的战役旧址——喜峰口长城抗战旧址；抗日战争时期开创敌后第一个抗日根据地的党政军领导机关——晋察冀边区政府及军区司令部旧址；抗日战争时期中国共产党领导的三个主力师之一——八路军一二九师司令部旧址；培养了十多万名抗日干部[①]，被誉为"将星摇篮、革命熔炉"——前南峪抗日军政大学旧址；中国军队以弱胜强、以少胜多的范例，被誉为抗日战争相持阶段敌后抗战的一次"模范的歼灭战"——陈庄歼灭战旧址；中国共产党历史上第一个民主的行政省人民政府——察哈尔民主政府旧址；平津战役第一

[①] 中国中共党史学会：《中国共产党历史系列辞典：中国共产党历史组织机构辞典》，中共党史出版社、党建读物出版社，2019年，第263页。

图 3-11　新保安战役旧址中的郭景云兵败自杀地，位于张家口市怀来县新保安镇

战，为平津战役的胜利和北平的和平解放创造了有利条件——新保安战役旧址；党中央解放全中国的最后一个农村指挥所——西柏坡中共中央旧址；华北临时人民代表大会选举产生的全国性联合政府，也是中央人民政府的前身——华北人民政府旧址；第一套人民币发行地——中国人民银行总行旧址；为抵御日本帝国主义侵略、争取人民自由而牺牲的烈士纪念设施——晋察冀边区烈士陵园、晋冀鲁豫烈士陵园、左权将军墓、五勇士跳崖处等（图3-11）。

（三）社会主义革命和建设时期（1949年10月至1978年12月）

河北在社会主义革命和建设时期主要以与社会主义改造、建设相关的革命旧址为主（表3-4）。由于经济的高速发展和各地的城镇化进程，因此这个时期的革命旧址遗存数量一般，保存好、价值高的主要分布在石家庄、邯郸、张家口等地区。代表性文物主要包括典型革命时代风格建筑物、农业、水利等工程。如1953年6月开始筹建并在1958年6月建成（投产）的华北制药厂，这是我国第一个五年计划期间苏联援建的重点工程项目，使中国彻底摆脱了青霉素需要进口的局势，开创了我国大规模生产抗生素的历史；塞罕坝机械林场礼堂见证了三代塞罕坝机械林场建设者们，用青春与奋斗创造了荒原变林海的"人间奇迹"，以实际行动诠释了"绿水青山就是金山银山"的理念，铸就了"牢记使命、艰苦创业、绿色发展"的塞罕坝精神；

表3-4 社会主义革命和建设时期旧址

重要历史时段	代表性文物	革命旧址类型	关联性说明
社会主义革命和建设	河北省博物馆、合作路81号院、华北制药厂办公楼、通二矿旧址、邯郸展览馆建筑群、黄掌头建渠英雄纪念碑、王金庄梯田、塞罕坝机械林场总场礼堂	其他革命史迹及代表性建筑或相关的农业、水利等设施	在社会主义改造建设中具有标志和代表性的建筑物和农业、水利等工程

王金庄梯田在1952年至1975年是兴修梯田成绩最为卓著的时期，村民们系统性改造并新建了梯田，修建了小型水库和一系列水利配套工程，不仅增加了粮食产量，也改变了王金庄的生态环境，直到现在也是当地乡村振兴和农民增收的重要途径（图3-12、图3-13）。

图 3-12 塞罕坝机械林场总场礼堂，位于承德市围场县塞罕坝机械林场总场核心区域

图 3-13 王金庄梯田，位于邯郸市涉县

（四）改革开放和社会主义现代化建设新时期（1978年12月至2012年11月）

河北在改革开放和社会主义现代化建设新时期的革命旧址较少，目前被列为革命旧址的主要是与这个时期重大历史事件相关的史迹地（表3-5）。如1981年秋在张家口举行的"八〇二"军事演习，这是中华人民共和国成立以后举行的规模最大、投入兵力最多、现代化程度最高的一次实兵演习，邓小平同志亲临演习现场并在检阅演习部队之后发表了重要讲话，此次演习在当时的国内和国际上都产生了广泛而深刻的影响，具有重要的政治意义和军事意义，保留下来"八〇二"军事演习观礼台正是这一历史事件的见证（图3-14）。

表3-5 改革开放和社会主义现代化建设新时期旧址

重要历史时段	代表性文物	革命旧址类型	关联性说明
改革开放和社会主义现代化建设	"八〇二"军事演习观礼台	其他革命史迹及代表性建筑或相关的农业、水利等设施	相关事件具有重要的历史意义，是重大历史事件的见证

图3-14 "八〇二"军事演习观礼台北侧演习区域

二、不同类型的革命旧址

河北省的革命旧址主要以新民主主义革命时期为主，其中多数革命旧址又与抵抗日本侵略争取民族独立和推翻国民党反动统治、解放全中国密切相关，形成了片区式分布，分别是晋察冀和晋冀鲁豫两个片区，几乎涵盖了河北省全境。此时期的革命旧址占全省总数的97%，两个片区的革命旧址在数量和类型上尤其丰富，其中省级以上文物保护单位共计53处，约占全省总数的75%。其他时期革命旧址相对存量较少，且都是独立分布，未形成片区。重点片区革命旧址情况按类型分类如下：

（一）重要机构和重要会议旧址

重要机构主要包括党政军领导机关、金融机构、新闻出版、医疗卫生机构、文化教育机构、后勤保障部门等。

1. 党政军领导机关

主要包括中央派出机构、军事组织机构（含临时军事指挥机构）、中共地方组织机构等。其中遗存相对较多的是军事组织机构和中共地方组织机构。其中保护级别高，并且产权性质为国家所有和集体所有的大部分革命旧址已对外开放。

晋察冀军区于1937年11月7日成立，下辖4个军分区。1938年5月，八路军第3纵队兼冀中军区、第4纵队（后整编为冀热察挺进军）先后成立，均隶属晋察冀军区建制。1944年9月，统一整编为冀晋、冀中、冀察、冀热辽军区。从抗日战争到解放战争，各机关单位在平山县、唐县、阜平县、张家口市均有迁驻经历。相关革命旧址如晋察冀边区政府及军区司令部旧址（阜平县）、晋察冀军区司令部旧址（唐县和家庄）、晋察冀军区司令部旧址（平山县蛟潭庄）、拦道石晋察冀边区政府旧址（平山县）、洪河槽村聂荣臻指挥部旧址（井陉县）、晋察冀军区司令部旧址（张家口市）等（图3-15、图3-16）。

1941年7月，晋冀鲁豫边区政府成立。抗日战争胜利后，1945年8月20日，中共中央北方局撤销，成立了晋冀鲁豫中央局（也称邯郸局），下设太行、太岳、冀南、冀鲁豫四个区党委。同时成立统一的晋冀鲁豫军区，下辖四个二级军区[①]。位于河北境内的主要是太行、冀南、冀鲁豫三区的一部分。其中太行区是边区的中心，抗战初

---

① 齐武：《晋冀鲁豫边区史》，当代中国出版社，1995年，第8页。

期为晋东南根据地的一部分，与太岳、晋豫边等地区统称晋冀豫区，直到抗日战争胜利，太行行署正式成立（1945年11月25日），这个地区长期是边区政府（初为冀太联合办事处）的直辖区。因此，位于河北境内的晋冀鲁豫边区革命旧址中，太行区的革命旧址分布较多，也相对密集。相关革命文物如八路军一二九师司令部旧址（涉县）、晋冀鲁豫边区政府旧址（涉县）、太行行署礼堂旧址（涉县）、中共晋冀鲁豫中央局和军区旧址（武安市）、八路军一二九师东进纵队司令部旧址（南宫市）等。

1945年抗日战争胜利后，国民党发动全面内战。1947年3月，国民党重点进攻陕甘宁和山东两解放区，3月18日，中共中央机关撤离延安，转战陕北。1947年5月，中共中央工委先期到达平山县，随后进驻西柏坡。1948年5月中共中央、解放军总部从陕北移驻西柏坡。中共中央、中央军委在西柏坡期间，指挥了1948年9月12日至11月2日的辽沈战役、1948年11月6日至1949年1月10日的淮海战役、1948年11月29日至1949年1月31日的平津战役等20多次重大战役。1948年5月9日，中共中央军委发出《关于改变华北、中原解放区组织、管辖境内及人选的决定》，宣布将晋察冀、晋冀鲁豫两解放区合并为华北解放区，两个中央局合并为中共中央华北局，两个军区

图3-15 平山县蛟潭庄晋察冀司令部旧址，1938年9月至11月，聂荣臻司令员领导全区军民粉碎了日军对晋察冀边区的25路围攻

图3-16 晋察冀军区司令部旧址于1939年5月至1941年8月间驻扎在唐县和家庄一带

合并为华北军区，两个边区政府合并为华北联合行政委员会。1948年5月20日晋察冀和晋冀鲁豫两边区政府实行联合办公，9月26日晋察冀和晋冀鲁豫两边区政府撤销，9月27日，华北人民政府成立。相关革命旧址如西柏坡中共中央旧址（平山县）、中共中央华北局城市工作部旧址（泊头市）、华北人民政府旧址（平山县）等。

2. 金融机构

主要包括晋察冀银行、冀南银行和银行印刷机构。此类革命旧址大部分产权性质为个人所有，少部分为国家或集体所有。产权为个人所有的均未开放。

（1）晋察冀银行和银行印刷机构

晋察冀边区银行总行于1938年3月20日在山西省五台县石嘴村成立，后转移到河北省完县（今顺平县）杨家台、阜平县上庄。1940年初迁到阜平县麻棚，召开了银行成立两周年大会。1941年初，迁到灵寿县南枪杆村，召开了银行成立三周年大会。以后又在平山县、灵寿县和阜平县境内迁驻，1944年3月缩编后，与财政合并。抗日战争胜利后，在张家口重新组建晋察冀边区银行，下设分行与支行。1946年7月国民党军队进攻解放区，8月撤到灵丘县城，后转移到阜平县光城村。1947年11月迁至解放后的石家庄，1948年4月晋察冀边区银行与冀南银行合署办公，7月22日，两行合并成立了华北银行。相关革命旧址如张家货栈（安国市）、晋察冀边区银行总部旧址（平山县）、晋察冀边区银行旧址（灵寿县）、晋察冀边区银行成立三周年会议旧址（灵寿县）、晋察冀边区银行金库旧址（灵寿县）等（图3-17）。

晋察冀边区行政委员会财政处印刷局于1938年6月在山西省五台县门限石村成立，其前身为人民自卫军军需处印刷所。1939年7~8月间，印刷局辗转至灵寿县油盆村一带，除了完成自己的生产任务，还帮助冀南银行、西北农民银行印刷钞票。1945年8月进驻张家口，下设印刷分局。1946年9月下旬分批撤至阜平县南峪村一带。1948年7月，华北银行成立后，晋察冀边区行政委员会财政处印刷局改称华北银行第一印刷局，1948年12月1日中国人民银行成立，改称为中国人民银行第一印刷局，中华人民共和国成立后调入北京与中国人民印刷厂合并。相关革命旧址如三官东沟晋察冀边区印刷局旧址（阜平县）、油盆村晋察冀边区银行旧址（灵寿县）、庙台村晋察冀边区银行、造币车间、吕东和罗琪宿舍、食堂旧址（灵寿县）等。

（2）冀南银行和银行印刷机构

冀南银行于1939年10月15日正式宣布成立，当时为了银行安全将总行设在山西省黎城县小寨村，同时设在冀南区的冀南银行路东行也在南宫县宣告成立，两地于同日开始发行冀南银行钞（简称冀南钞）①。1940年7月1日，上党银行合并于冀南银行②。1942年5月，冀南银行由山西黎城县迁至河北涉县索堡村。1944年7月，冀南区和冀鲁豫区合并形成冀鲁豫区，冀南银行冀南区行与鲁西银行合并，称冀鲁豫区行。1944年10月15日，冀南银行太行区行成立。1945年5月冀西银行与冀南银行合并为冀鲁豫银行③。1945年12月1日，冀鲁豫、冀南、太行、太岳四个区银行正式归冀南银行总行直接领导，总行迁至河北武安④。相关革命旧址如索堡村冀南银行总行旧址（涉县）、冀南银行旧址（信都区）等（图3-18）。

冀南银行印刷机构在1939年9月至年底建立了四个印刷所。1940年6月，又组建了鲁西印刷所，到抗战胜利时，冀南银行已形成较大规模。1945年12月，冀南银行总行在河北武安召开会议，正式确定将太行区印刷厂设为冀南银行第一印刷厂，平原区冀南所和鲁西银行所辖各所合编为冀南银行第二印刷厂。1946年1月，冀南银行总行召开印刷厂工作会议，规定各个印刷厂统一由总行发行处领导，1947年为解决

图3-17 张家货栈，位于保定市安国市区，于2022年7月建设为晋察冀边区银行筹备处旧址博物馆

图3-18 冀南银行旧址，位于邢台市信都区英谈村内

---

① 赵秀山：《抗日战争时期晋冀鲁豫边区财政经济史》，中国财政经济出版社，1995年，第67页。
② 齐武：《晋冀鲁豫边区史》，当代中国出版社，1995年，第263页。
③ 中国金融思想政治工作研究会：《中国红色金融史》，中国财政经济出版社，2021年，第291页。
④ 中共河北省委党史研究室、中共邯郸市委党史研究室：《晋冀鲁豫根据地大事记（1937～1949）》，中共党史出版社，2017年，第313页。

纸张问题，太行造纸厂划归冀南银行发行处领导，同年7月又将新成立的机器所、鉴定所与永兴印刷厂第四厂合编为发行处第三印刷厂。随着单位增加和设备增多，发行处又增设了一个修建厂。在冀南银行印刷发展史的顶峰时期，发行处共有三个印刷厂、一个造纸厂共计22个单位，其中包括15个生产单位，6个机关单位，还有一个修建厂[①]。相关革命旧址如冀南银行第三印钞所旧址（邱县）、冀南银行第四所旧址（涉县）、东宇庄冀南银行印刷厂旧址（涉县）等。

1948年8月冀南银行与晋察冀边区银行合组为华北银行，随后又与北海银行、晋西北农民银行、陕甘宁边区银行合并成立中国人民银行。相关革命旧址如中国人民银行总行旧址（石家庄市）、南峪第一套人民币出版地（阜平县）等。

3. 新闻出版

此类革命旧址大部分产权性质为个人所有，少部分为国家或集体所有。产权为个人所有的均未开放。

（1）晋察冀边区新闻出版机构（表3-6）

晋察冀军区成立后，军区政治部于1937年12月11日在阜平县创办了《抗敌报》。1940年11月7日改名为《晋察冀日报》，是创办最早的中央分局党委机关报。同月，报社把印刷厂分成一、二、三厂。抗日战争胜利后，移驻张家口市。1946年

表3-6　晋察冀边区主要出版物及发展情况表

区域	河北省境内主要出版发行刊物及再发展情况
晋察冀边区	《抗敌报》（1937.12.11阜平）—《晋察冀日报》（1940.11.7阜平）—华北《人民日报》（1948.6.15北平）
	《抗敌副刊》（1938.1.24）—《抗敌三日刊》（1938.6）—《子弟兵》（1942.6.5～1950停刊）（部队报刊）
	《导报》（1938.9.10）—《冀中导报》（1939.12任丘）—冀中《河北日报》（1948年底饶阳）—《河北日报》（1949.8.1保定）
	《救国报》（1940.1.1遵化）—《冀热辽日报》（1945.11.3玉田，中共冀热辽区委机关报）—《长城日报》（1946.1.12）—《冀东日报》（1946.5.15）—《河北日报》（1949.8.1保定）
	《前卫报》（1937年冬高阳）—《前线报》（1938.9任丘～1949年夏停刊）
	《挺进报》（1939.9.1～1945.8涞水）

[①] 晋冀鲁豫边区财政经济史编辑组，山西、河北、山东、河南省档案馆：《抗日战争时期晋冀鲁豫边区财政经济史资料选编（第二辑）》，中国财政经济出版社，1990年，第811～815页。

续表

区域	河北省境内主要出版发行刊物及再发展情况
晋察冀边区	《挺进报》（1939年春～同年11月停刊，冀中北上挺进支队办） 《黎明报》（1943.1涞水）—《冀察群众报》（1944.9平西）—《察哈尔日报》（1947.2.1宣化）—《北岳日报》（1948.9.1宣化）—《察哈尔日报》（1949.1.13张家口） 《张恒日报》（1945.8.26）—《新察哈尔报》（1945.12.1宣化）—《察哈尔日报》（1947.2.1宣化）—《北岳日报》（1948.9.1宣化）—《察哈尔日报》（1949.1.13张家口） 《张家口日报》（1948.12.26张家口）—《察哈尔日报》（1949.1.13张家口） 《冀热察导报》（1947.5.1怀柔～1949.1.4停刊） 《冀晋日报》（1945.9.1阜平～1947.11.12停刊） 《群众杂志》（1939.10.31）—《群众报》（1942.9.3，晋察冀边区抗联主办的报纸）—《冀晋群众报》（1945.3.28创刊，15期后停刊） 《群众报》（1940.7安平，冀中区七专区县级报刊） 《中苏新报》（1945承德，中苏合办）—《大众日报》（1945.10.22承德）—《冀热辽日报》（1946.2.1承德，中共冀热辽中央分局机关报） 《晋察冀画报》（1942.7.7平山）—《华北画刊》（1948.6.10～1949.8.1，共15期）《华北画报》（1948.10平山～1950.8北京，共4期）—《解放军画报》（1951.2北京～至今） 《冀热辽画报》（1945.7盘山）—《东北画报》（1945.11）—《东北画刊》 《胜利报》（1942.10饶阳～1945.10停刊，中共冀中区第八地委机关报）

10月撤到阜平县，分散在城南庄、雷堡村、新房村、麻棚、马兰村、坡山村、花台子村。1948年6月，《晋察冀日报》和晋冀鲁豫边区的《人民日报》合并。边区内其他新闻出版物还包括《晋察冀画报》、《子弟兵》、《冀中导报》、《救国报》—《冀东日报》[1]、《冀热辽日报》—《群众日报》[2]、《冀热辽画报》等。相关革命旧址如南滚龙沟晋察冀日报社旧址（平山县）、北滚龙沟晋察冀印刷厂旧址（平山县）、麻棚村晋察冀日报社旧址（阜平县）、马兰村晋察冀日报社旧址（阜平县）、晋察冀画报社创刊旧址（平山县）、洞子沟晋察冀画报社旧址（阜平县）、鲁家峪抗日根据地-冀东《救国报》社旧址等（图3-19～图3-21）。

---

[1] 《救国报》于1940年1月1日在遵化芦各寨创刊，是冀东地区第一张党报，抗战胜利后的1945年11月3日改名为《冀热辽日报》（中共冀热辽区委机关报），1946年1月12日改名为《长城日报》，1946年5月15日改名为《冀东日报》，1949年5月1日《新唐山日报》合并于《冀东日报》，1949年7月31日《冀东日报》终刊，其刊号从《救国报》一直顺延至此。1949年8月1日《冀东日报》奉命与《河北日报》《冀南日报》合并为中共河北省委机关报《河北日报》。

[2] 《冀热辽日报》发行于1946年2月1日，是中共冀热辽中央分局机关报（创刊前曾作过中共冀热辽区委机关报报名），由《大众日报》发展而来。1947年6月1日冀热辽中央分局改为冀察热辽中央分局后改名为《群众日报》，主要在林西、赤峰、建西、宁城等地出版。

（2）晋冀鲁豫边区新闻出版机构（表3-7）

1938年5月1日，中共冀晋豫省委的《中国人报》和晋冀特委的《胜利报》同时创刊①。1939年《胜利报》合并《冀西导报》等地区小报后成为中共晋冀豫区党委的机关报，并于1941年7月改名为《晋冀豫日报》，12月合并于华北《新华日报》②。冀南区最早的报纸是1938年冬出版的《抗战日报》，1939年9月18日《冀南日报》在南宫垂杨一带创刊，是中共冀南区党委的机关报，1942年因对敌斗争形势严峻一度停刊。1941年3月8日，中共冀南三地委机关报《人山报》在曲周县曹庄村创刊，1945年9月11日《冀南日报》复刊后，该报即停刊。1949年8月1日《冀南日报》并入《河北日报》。相关革命旧址：新华日报社华北版旧址（涉县）、新华日报社太行版旧址（涉县）、晋冀鲁豫《新华日报》太行版编辑部旧址（涉县）、中原新华日报印刷厂旧址（涉县）、《人山报》旧址（曲周县）、《人山报》电台

图3-19 晋察冀日报社旧址，位于保定市阜平县马兰村内

图3-20 晋察冀画报创刊旧址，位于平山县碾盘沟村

图3-21 《救国报》社旧址，位于唐山市遵化市鲁家峪

---

① 齐武：《晋冀鲁豫边区史》，当代中国出版社，1995年，第338页。
② 《新华日报》于1938年1月11日创刊，之后有众多版本，如汉口版、重庆版、华北版、太岳版、太行版、战时太南版、华中版、南京版和西南版等，在晋冀鲁豫地区的主要是华北版、太岳版、太行版、战时太南版。

表3-7　晋冀鲁豫边区主要出版物及发展情况

区域	河北省境内主要出版发行刊物及再发展情况
晋冀鲁豫边区	《中国人报》（1938.5.1长治）—华北《新华日报》（1939.1.1沁县）
	《胜利报》（1938.5.1和顺，中共晋冀豫区委机关报）—《晋冀豫日报》（1941.7.7和顺）—华北《新华日报》（1939.1.1沁县）
	《抗战日报》（1938.5.1聊城，中共鲁西北特委机关报）—《鲁西日报》（1940.7昆山）—《晋冀豫日报》（1941.8.1昆山～1949.8.21停刊）
	《卫河日报》（1940.4馆陶）—《晋冀豫日报》（1941.8.1昆山～1949.8.21停刊）
	《冀南日报》（1939.9.18南宫）—《河北日报》（1949.8.1保定）
	晋冀鲁豫《人民日报》（1946.5.15邯郸）—华北《人民日报》（1948.6.15平山）
	《人山报》（1941.3.8曲周）—《冀南日报》（1945.9.11复刊）
	《冀西公报》（创刊与停刊日期不详，冀西特委）
	《新中国时报》（创刊与停刊日期不详，冀鲁豫区党委驻直南、豫北代表办事处）
	《先锋报》（创刊与停刊日期不详，一二九师内部发行）
	《战友报》（创刊与停刊日期不详，冀鲁豫军区内部发行）

图3-22　新华日报（华北版、太行版）社旧址，位于邯郸市涉县索堡镇桃城村

图3-23　《人山报》旧址，位于邯郸市曲周县曹庄村

旧址（邱县）等（图3-22、图3-23）。

4. 医疗卫生机构

抗日战争时期，在极端困难的条件下，中国共产党开辟的敌后抗日根据地以民众的健康为中心，支持根据地的医疗卫生事业发展，挽救了无数军民的生命。其间，晋察冀抗日根据地开展了一系列的医疗卫生工作，如制定医疗卫生政策法规，建立卫生机构，编制卫生基础教材、明确教学方针，培养医疗医护人员、开展卫生宣传和教育、进行卫生防疫和战地救护工作等，并取得了较好的成效。晋冀鲁豫抗日根据地医疗卫生事业的创建与发展，主要得益于部队的帮助，八路军除了依靠自己的医疗力量开展战场救护和伤病治疗外，还协助地方开展疾病防治工作和卫生宣传，为驻地群众治疗伤病。到日本投降前夕，河北抗日根据地范围内已建立起医院、诊所共80余个，扶持私人诊所1200余个，此外还有抗日部队医院24所。这些医疗卫生人员和卫生机构，为巩固抗日根据地建设、保护人民健康发挥了重要作用[①]。在解放战争中，中国共产党在解放区领导群众自力更生，继续大力发展医疗卫生事业，并广泛开展各种形式的卫生运动，在县、区建立了多个医疗机构，使解放区的卫生防疫工作和基层军民诊治疾病更加便利。

艰苦卓绝的中国抗战引起了国际社会的广泛同情与支持，以白求恩、柯棣华等为代表的加拿大、美国、印度等国家的志愿医务人员为主体所组成的援华医疗队，及大量的国际医学友人纷纷远渡重洋来到中国，他们带来了先进的医学技术和卫生管理经验，帮助中国人民创办医疗卫生机构，从事战地救护，防治疾疫流行等，为抗日根据地卫生事业的发展做出了巨大的贡献。有的人在长期的抗日斗争中加入了中国共产党，在新中国成立后继续留在中国并加入中国国籍，如奥地利人理查德·傅莱。1938年6月，白求恩来到晋察冀军区，先后帮助创建了模范医院、特种外科医院和军区卫生学校。1939年11月，白求恩在战地手术中不幸感染牺牲。为了纪念白求恩大夫的国际主义精神，晋察冀军区命令将军区卫生学校改名为"白求恩卫生学校"，并将学校附属医院命名为"白求恩国际和平医院"[②]。1941年1月，印度援华医疗队队员柯棣华被任命为白求恩国际和平医院的首任院长。此后，白求恩国际和平医院曾扩大发展为9所分院，在解放战争中，先后参加了解放石家庄、太原、天津等重大战役的战地救护工作[③]。相关革命旧址如白求恩战地手术室（涞源县）、葛公白求恩卫生学校旧址（唐县）、晋察冀军区卫生学校旧址（唐县）、白求恩手术室旧址（河间市）、白求恩模范医院旧址（武安市）等（表3-8；图3-24、图3-25）。

表3-8　河北境内建立的主要医疗机构及医务培训教育机构

时段	建立的主要医疗机构	主要医务培训教育机构
抗日战争	白求恩国际和平医院（1940年）；渤海一军分区在沧州一带建分区医院（1940年）；冀东抗日政府建立遵化西峪诊所、东峪诊所（1941年）；冀东十三军分区卫生处建立4个卫生所（1945年）；冀中建立枣强县抗日大众医院、深县抗日回春医院（1945年），肃宁、黄骅、南皮、东光、吴桥等地先后建立中西药社、大众医院等。抗日战争胜利后，接管日伪中央医学院及附属医院并改建为张家口医学院及附属医院	1939年9月，晋察冀抗日根据地在原医训队基础上，在唐县牛眼沟村成立了军区卫生学校，1940年更名为"白求恩卫生学校"，之后改为"白求恩医科学校"

---

① 河北地方志编纂委员会：《河北省志·第86卷·卫生志》，中华书局，1995年，第34页。
② 谢忠厚、肖银成：《晋察冀抗日根据地史》，改革出版社，1992年，第273页。
③ 刘盛连：《一所具有光荣革命传统的医院中国人民解放军白求恩国际和平医院简介》，《医院管理》1983年第10期，第59～60页。

续表

时段	建立的主要医疗机构	主要医务培训教育机构
解放战争	冀中区的白求恩国际和平医院七分院、哈励逊国际和平医院、安平县民众医院、饶阳县群众医院、武强县卫生院；冀南区的冀南行署第五专区医院；热河省医科大学附属医院等	1946年6月，白求恩医科学校与中国医科大学余部合并为"白求恩医科大学"。1948年白求恩医科大学与北方大学医学院合并为"华北医科大学"
中华人民共和国成立时	1949年10月全省卫生行政会议决定：将原冀中保定市人民医院改为省第二人民医院；太行冀西医院改为平山县人民医院；哈励逊国际和平医院改为石家庄专区哈励逊医院；冀南一、三专区医院分别改为邯郸专区第一人民医院（邯郸市）、邯郸专区第二人民医院（临清市）；冀南二、五专区医院分别改为衡水专区人民医院及夏津分院；冀南专区第四医院改为邢台专区人民医院；冀中第十一专区济华医院改为新集镇人民医院；昌黎县医院改为唐山专区人民医院，原省医院第一分院改为省干部疗养院，第二分院改为肺病疗养院；冀南干部休养所改为邢台专区干部疗养所	1950年7月，华北医科大学更名为"中国人民解放军天津军医大学"。1951年更名为"中国人民解放军第一军医大学"。之后该校又经过多次合并，现为"吉林大学白求恩医学院"

图 3-24 白求恩卫生学校旧址，位于唐县葛公村内

图 3-25 晋察冀军区卫生学校旧址，位于唐县牛眼沟村

5. 文化教育机构

在河北根据地的建设、巩固和发展过程中，我们党始终重视对文化教育事业的建设与发展。在重视干部培养教育的同时，也在大力建设和发展中小学教育、民众教育等各种形式的社会教育。

（1）干部教育方面

晋察冀根据地于1939年秋创办了抗战建国学院，主要是培养区政助理、税收、银行、合作事业等行政和经济建设干部，1941年2月该院与华北联合大学合并[①]。根据中央深入敌后办校指示，1939年2月中国人民抗日军政大学第二分校由陕北到达灵寿陈庄一带办学，其间配合一二○师消灭了偷袭陈庄的日军，取得"陈庄歼灭战"大捷，此役成为抗大第二分校以教学与实践相结合的典型范例。8月中国人民抗日军政大学总校也到达陈庄一带，开始了4个月的边战边训生活，1940年1月在陈庄举行了抗大总校第5期学员毕业典礼，2月总校向晋东南的太行山区挺进。1943年2月抗大二分校奉命迁回陕北与总校会合。相关革命旧址如平房华北联合大学旧址（阜平县）、女东庄抗大二分校旧址（灵寿县）、抗大二分校附中旧址（灵寿县）、抗大二分校宿舍旧址（灵寿县）等（图3-26、图3-27）。

图3-26 平房华北联合大学旧址中的成仿吾旧居，位于保定市阜平县平房村

图3-27 抗大二分校附中旧址，位于灵寿县女庄小学内

[①] 华北联合大学于1939年7月在延安创办，同年10月，学校迁至阜平县，初期设社会科学部、文艺工作部、青年部、工人部和师范部，课程有社会科学、中国问题、共产主义与共产党、民众运动、军事等，1940年10月，将各部改为院，有社会科学院、文学院、教育学院等。——谢忠厚、肖银成：《晋察冀抗日根据地史》，改革出版社，1992年，第265页。

晋冀鲁豫根据地第一所以吸收青年知识分子为对象的干部学校是华北军政干部训练所。其前身是1937年9月在豫北和国民党合办的"豫北师管区军政干部训练班",12月迁至晋南改为自办后称"华北军政干部训练所",后期又改称"八路军晋南军政干部学校"。在此之后建立的干部学校还有,1938年2月一二九师东进纵队在南宫成立的军政干部学校,1938年5月中共鲁西北特委在聊城组建的山东第六行政区干部学校。在所有这些学校中,中国人民抗日军政大学是边区以至全华北敌后抗日根据地干部教育的骨干,培养了大批的军政干部。1940年2月中国人民抗日军政大学经晋察冀转移至太行山晋冀豫边区的武乡、黎城一带,在此期间组建了抗大第六分校。总校于1940年11月全部到达邢台浆水川一带。1942年4月抗大第六分校奉命调回总校归建。1943年3月总校奉命迁回陕北绥德时,留下部分教学力量在涉县固新、原曲一带重新组建了抗大六分校。到1945年8月中国人民抗日军政大学结束,学校在边战斗边教学的过程中共培养了十多万名抗日干部,不仅推进了边区教育事业的发展,也为中国抗日战争取得胜利做出了突出贡献。相关革命旧址如前南峪抗日军政大学旧址(邢台信都区)、南庄抗大学校旧址(涉县)、抗大太行六分校旧址(涉县)、会里抗大军政学校旧址(涉县)、原曲村抗大学校旧址(涉县)等(图3-28)。

干部教育在解放战争中继续占有重要地位,担负着为革命事业培训大批干部的艰巨任务。1946年初,晋冀鲁豫边区政府在邢台成立了北方大学。同年10月,为躲避国民党进攻,学校迁往山西潞城县一带。随着1947年11月石家庄解放,晋察冀和晋冀鲁豫两大解放区连成一片,解放区形势好转,1948年5月,学校又迁回邢台。1948年8月华北联合大学与北方大学在正定合并为"华北大学",被誉为"解放区最高学府"。此外,还有白求恩医科大学、冀南建设学院、冀中"五一"学院(后改为建国学院)、晋察冀边区行政干部学校、冀东建国学院等。相关革命旧址如华北大学旧址(正定县)等。

(2)社会教育方面

抗日战争期间,河北境内存在两种不同性质的教育,即日伪推行的殖民地奴化教育和抗日根据地及游击区日益发展的抗日民主教育。1938年1月,晋察冀边区政府成立后,规定了教育工作的基本方针和任务。在此之后,随着各项工作的逐步开展,边区教育日渐起色。1940年6月,晋察冀边区文教会议又进一步明确制定了小学、中学、师范学校的各项规定,提出以民族的、民主的、大众的、科学的精神教育边区人民,粉碎日伪的奴化教育政策,肃清一切反动教育,树立全国教育的模范,使教育为抗战建国服务的方针政策。同时,晋冀鲁豫边区的教育部门发出了"不使一个学龄儿童被抛在学校大门之外"的口号。边区政府除了建立小学和中学外，还建立了众多的短期师范学校。这些师范学校的创建和发展，有力地推动了边区教育事业的发展。从1937年七七事变华北沦陷到1945年抗日战争胜利，边区各地中等学校共培养输送2万多名各类人才[①]。民主教育方面主要以扫盲识字为主要内容的识字班、冬学和民众学校等。随着解放战争的节节胜利，在解放的城市中还办起了工人政治夜校。相关革命旧址如涉县第四高级小学旧址、向阳庄荣臻小学校旧址（阜平县）、易家庄荣臻小学校旧址（阜平县）、华北育才小学旧址（井陉县）、林峰太行中学旧址（涉县）等（图3-29）。

图3-28 抗大太行六分校旧址，位于邯郸市涉县原曲村

6. 后勤保障部门

后勤保障部门指的是与军事相关的后勤保障部门，主要包括兵工厂、被服厂、造纸厂、皮革厂、纺纱厂、毛巾厂、鞋厂、卷烟厂、电厂、化学厂等军需生产部门和物资储存仓库等。

1937年11月，八路军总部发出指示，要求各师、旅、团、游击支队及地方政府和自卫队都要招募技术工人，开办修械所和炸弹厂，以解决迫切的修械和制造地雷、手榴弹问题[②]。随之根据地各部的修械所和配套工厂相继建立起来。相关革命旧址如晋察冀边区兵工厂旧址（平山县）、蟒拦晋察冀军区兵工厂（唐县）、冀西游击队兵工厂旧址（内丘县）、晋冀鲁豫军区西达兵工厂旧址（涉县）、平北军分区兵工厂旧址（赤城县）等（图3-30）。

图3-29 向阳庄荣臻小学校旧址，位于保定市阜平县向阳庄村内

皖南事变后，国民党停发了中国共产党领导的抗日武装部队的被服，还对根据地实施了严密封锁。同时，日军对华北抗日根据地实施"三光"政策，加上自然灾害，根据地的被服问题日益突出。根据地随即走上了自力更生、艰苦创业之路。被

---

① 河北地方志编纂委员会：《河北省志·第76卷·教育志》，中华书局，1995年，第7～10页。
② 中国人民解放军历史资料丛书审委员会：《军事工业·根据地兵器》，解放军出版社，1999年，第11～12页。

图 3-30　蟒拦晋察冀军区兵工厂旧址（实为隶属军区工业部的化学二厂，属军工生产单位），位于保定市唐县蟒拦村西北山上崇天寺内，现寺庙无存，仅存明嘉靖年间重修碑刻一通

图 3-31　晋察冀边区政府被服厂旧址，位于石家庄市灵寿县寺上庄村内

图 3-32　一二九师毛巾厂旧址，位于邯郸市涉县卸甲村旧村东北涌泉寺内

服供给机关开始不断发展，各根据地逐渐拥有了自己的被服厂、缝衣厂、制鞋厂、纺织厂、皮革厂、染色厂等工厂。除了这些工厂外，各根据地还根据各自需要建立起了农具厂、卷烟厂等。在满足自身需求的情况下，甚至还通过商人把剩余的产品销售到日伪统治地区和国统区，换回生产、生活用品和军用物资。相关革命旧址如晋察冀边区政府被服厂旧址（灵寿县）、八路军一二九师被服厂旧址（涉县）、太行区第五军分区被服厂旧址（涉县）、金龙洞晋察冀日报社造纸厂旧址（阜平县）、葛家台晋察冀军区皮革厂旧址（阜平县）、固新村太行大队纺纱厂、卷烟厂旧址（涉县）、一二九师毛巾厂旧址（涉县）、大港村卷烟厂旧址（涉县）等（图3-31、图3-32）。

1947年，中央工委机关离开陕北来到平山县西柏坡，开展党中央委托的日常工作，之后党中央和中央军委也决定迁往西柏坡，以此作为全国解放战争的指挥中心。为解决工作中照明、发报、广播的电力问题，1947年6月沕沕水电厂开始动工建设，并于1948年1月建成。沕沕水电厂建成后在满足西柏坡用电的情况下，还为周边的兵工厂源源不断提供电力。沕沕水电厂是晋察冀边区人民自行设计、建造的第一座水力发电站，为中国的解放事业做出了不可磨灭的贡献。

7. 重要会议

中国共产党在河北境内召开的重要会议主要发生在解放战争时期。中央工作委员会在西柏坡召开全国土地会议，提出了土地改革的路线、方针和政策，制定了比较完善的解决土地问题的纲领性文件《中国土地法大纲（草案）》；中央书记处在城南庄召开扩大会议，会议通过了中共中央庆祝五一劳动节口号，提出迅速召开政治协商会议，成立民主联合政府的提议，决定将晋察冀与晋冀鲁豫两解放区合并为华北解放区，两解放区党政军系统也一并合并；中央华北局在石家庄召开华北临时人民代表大会，成立了联合政府——华北人民政府；七届中央政治局在西柏坡召开扩大会议（即九月会议），会议根据全国解放战场形势，提出了全党的战略任务，此次会议为进行最后的战略决战，夺取新民主主义革命在全国的胜利，从军事上、政治上、组织上做了充足的准备；七届中央政治局于1949年1月在西柏坡召开会议，会议认为1949年和1950年是中国革命即将胜利的两年，决定准备召开七届二中全会和召开政治协商会议，制定共同纲领，成立中华人民共和国，组织中央人民政府等；1949年3月党的七届二中全会向全党提出"两个务必"，批准了由我们党所发起召开的新政治协商会议及成立民主联合政府的建议，确立了革命胜利后建设新民主主义社会的蓝图，全会做出的各项政策规定，对迎接革命胜利和未来新中国建设都具有重要的指导作用（表3-9；图3-33）。

图3-33　1947年7月17日至9月13日，中共中央工作委员会在河北省平山县西柏坡村召开全国土地会议
（图片来源：党史网官方微博，2021年7月17日）

表3-9　解放战争时期河北境内召开的重要会议

日期	会议名称	地点
1947年7月17日至9月13日	全国土地会议	西柏坡
1948年4月30日至5月7日	城南庄会议	城南庄
1948年8月7日至19日	华北临时人民代表大会	石家庄
1948年9月8日至13日	七届中央政治局扩大会议	西柏坡
1949年1月6日至8日	七届中央政治局会议	西柏坡
1949年3月5日至13日	七届二中全会	西柏坡

（二）重要人物故居、旧居、活动地或墓地

在新民主主义革命时期，河北省境内分布着大量与党政军领导人、英烈、模范、国际友人相关的故居、旧居、活动地或墓地。这里有早期革命者的故居，如李大钊故居（乐亭县）、江浩故居（玉田县）等；毛泽东、蔡和森、萧子升等人于1918年10月从北京来到保定，看望育德中学留法预备班的湖南籍同学时住的第一客栈（保定市）；高级干部去西柏坡前的接待处，石家庄市政府交际处309号院旧址（石家庄市）；党中央进京前毛泽东住所纪念址（涿州市）；领导人或军事将领在不同地区辗转指挥作战过程中住过的旧居，如西下关毛主席路居（阜平县）、东苇园聂荣臻旧居（平山县）、侯城村朱德旧居（晋州市）、聂荣臻"三进三出"常家渠抗战旧址（阜平县）、石盆村杨秀峰居住地旧址（内丘县）等；对中国革命事业做出贡献的英烈、模范的故居或活动地，如晋察冀边区爆炸英雄李混子制雷旧址（新乐市）、戎冠秀故居（平山县）、赵博生故居（黄骅市）、董存瑞故居（怀来县）、洪麟阁故居（遵化市）、武士敏故居（怀安县）、孙永勤故居（兴隆县）等；帮助中国革命的国际友人旧居、活动地或墓地，如蛟潭庄白求恩旧居（平山县）、柯棣华故居（唐县）、白求恩墓（石家庄市）、柯棣华墓（石家庄市）；其他的还有连家沟邓拓旧居（阜平县）、花山花沟掌沙飞旧居（阜平县）等（图3-34、图3-35）。

图 3-34　党中央进京前毛泽东住所纪念址，位于保定市涿州市三义小学内

图 3-35　洪麟阁故居，位于唐山市遵化市地北头村内

（三）重要事件和重大战斗遗址、遗迹或军事设施

河北是抗日战争的最前线，牵制、抗击和消灭了日军的大量兵力，对于坚持华北敌后抗战和全国持久抗战发挥了重大作用。河北军民英勇抗战，充分利用环境，开展斗争，打击敌人，取得了辉煌战果，其中著名战役有齐会战斗、陈庄战斗、黄土岭伏击战和百团大战等。据不完全统计，在抗日战争中，晋察冀边区军民作战3.2万多次，消灭日伪军35.1万多人[1]；晋冀鲁豫边区军民作战3万余次，毙伤日伪军19万多人。如1939年4月，八路军一二〇师在贺龙亲自指挥下，赢得齐会战斗大捷，共歼灭日军吉田大队700余人，取得了平原游击战争中以外线速决打歼灭战的经验，创造了平原歼灭战的光辉范例。1939年9月，八路军一二〇师和晋察冀军区相互配合，在灵寿县陈庄经过6天5夜的激战，歼敌千余人。陈庄战斗成为晋察冀边区模范歼灭战之一，体现了八路军、地方武装和人民群众相互配合所产生的伟大力量。1939年11月，一二〇师特务团和第1军分区部队在涞源城东南20公里的黄土岭地区与日军作战中，击毙了被日军称为"山地战专家"的"蒙疆"驻屯军最高司令官兼第2混成旅团长阿部规秀中将，此役共歼敌900余人。黄土岭战斗的胜利，使全国军民极为振奋，国民党军事委员会委员长蒋介石也致电八路军朱德总司令予以嘉奖[2]。相关革命旧址如齐会战斗遗址（河间县）、陈庄歼灭战旧址（灵寿县）、黄土岭战役旧址（涞源县）等（图3-36）。

在解放战争中，晋察冀边区和晋冀鲁豫边区军民积极支援前线，为解放邯郸，攻克石门，决战平津做出了重要贡献。如1945年10月至11月的邯郸战役（亦称平汉战役），晋冀鲁豫军区部队在刘伯承、邓小平指挥下，在平汉铁路邯郸以南地区，对来犯国民党军进行大规模歼灭战，粉碎了国民党军打通平汉铁路的企图，阻滞了国民党军队向华北等解放区的推进，掩护了中国共产党领导的人民军队在东北的战略展开[3]。1947年10月，晋察冀野战军在清风店歼灭国民党军1.1万余人，创造了晋察冀歼灭战战绩的新纪录[4]，为之后11月解放华北重镇石家庄奠定了坚实基础。石家庄战役的胜利使晋察冀和晋冀鲁豫两大解放区连成一片，同时也表明人民解放军已具备夺取坚固设防的较大城市的能力。1948年11月至1949年1月，河北作为平津战役的主

---

[1] 谢忠厚、肖银成：《晋察冀抗日根据地史》，改革出版社，1992年，第589页。
[2] 谢忠厚、肖银成：《晋察冀抗日根据地史》，改革出版社，1992年，第147页。
[3] 中国中共党史学会：《中国共产党历史系列辞典：中国共产党历史重要事件辞典》，中共党史出版社、党建读物出版社，2019年，第189页。
[4] 中国中共党史学会：《中国共产党历史系列辞典：中国共产党历史重要事件辞典》，中共党史出版社、党建读物出版社，2019年，第213页。

图 3-36　2005 年，中共河间市委、市政府在当年战斗激烈的小石桥附近竖立的"齐会战斗纪念碑"

图 3-37　清风店战役旧址，位于定州市西南合村

战场，共歼灭和改编国民党军队52万余人①，并使北平和平解放，平津战役的胜利使东北和华北两大解放区完全连成一片。相关革命旧址如邯郸起义司令部旧址（邯郸市）、新保安战役遗址（怀来县）、清风店战役旧址等（定州市）、石家庄大石桥（石家庄市）、正太饭店（石家庄市区）等（图3-37）。

（四）烈士事迹发生地、烈士墓地或纪念建（构）筑物

中华人民共和国成立后，为缅怀革命先烈，弘扬革命精神，各级政府建立了众多纪念设施。修建的大型烈士陵园，如晋察冀边区烈士陵园（唐县）、晋冀鲁豫烈士陵园（邯郸市）、晋冀鲁豫抗日殉国烈士公墓旧址（涉县）、冀中烈士陵园（河间市）、冀南烈士陵园（南宫市）、冀东二十五县烈士陵园与抗战胜利纪念楼（唐山丰润区）等；烈士纪念设施，如罗汉坪军工烈士纪念塔（平山县）、高蠡起义殉难烈士纪念塔（高阳县）、察哈尔民众抗日同盟军收复察东失地阵亡将士纪念塔（张家口桥东区）、晋察冀爆炸英雄李混子制雷旧址纪念碑亭（新乐市）等；个

---

① 中国中共党史学会：《中国共产党历史系列辞典：中国共产党历史重要事件辞典》，中共党史出版社、党建读物出版社，2019年，第225～226页。

图 3-38　马本斋母子烈士陵园，位于沧州市献县本斋村

图 3-39　苏蒙联军烈士纪念塔，位于张家口市张北县城南 15 公里黑风口西侧的野狐岭山上

人独立的烈士陵园，如马本斋母子烈士陵园（献县）、董存瑞烈士陵园（隆化县）等；烈士墓，如左权将军墓（邯郸市）、周建屏烈士墓（平山县）、特等功臣刘铁妮纪念碑及墓（灵寿县）等；烈士事迹发生地，如五勇士跳崖处（易县）、挂云山六壮士跳崖处（井陉县）等；其他纪念设施，如苏蒙联军烈士纪念塔（张北县）、苏联红军烈士纪念碑（承德双桥区）等（图3-38、图3-39）。

（五）其他革命史迹及代表性建筑或相关的农业、水利等设施

　　主要指的是与河北在社会主义革命和建设时期、改革开放和社会主义现代化建设新时期相关的革命旧址。其中，具有革命时代典型性特征的代表建筑，如河北省博物馆（石家庄市）、合作路81号院（石家庄市）、华北制药厂办公楼（石家庄市）、通二矿旧址（峰峰矿区）、邯郸展览馆建筑群（邯郸市）、塞罕坝机械林场总场礼堂（围场满族蒙古族自治县）、"八〇二"军事演习观礼台（万全区）；建设的具有革命时代特征的农业、水利等相关设施或基础设施，如黄掌头建渠英雄纪念碑（行唐县）、王金庄梯田（涉县）、百亩台阶级斗争简史碑（阜平县）等（图3-40）。

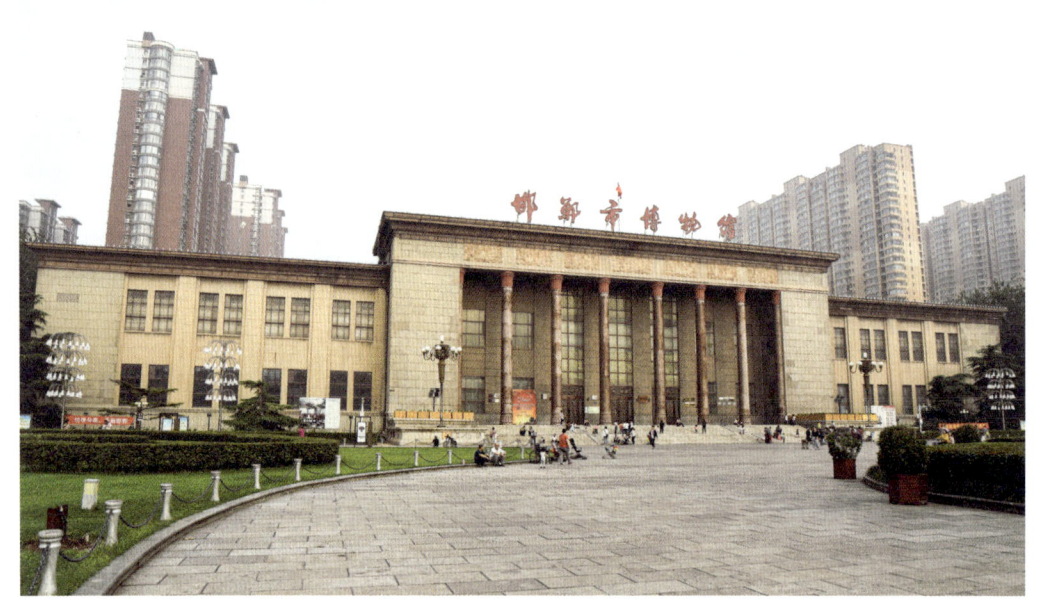

图 3-40　邯郸展览馆建筑群，位于邯郸市中华大街 45 号

第三节　河北革命旧址的主要特点及价值

　　河北是中国共产党较早建立党组织的地区之一，也是中国共产党的主要创始人之一李大钊同志的故乡。中共唐山地方委员会是中国共产党在河北省建立的第一个地方委员会，中共安平县台城村特别支部是全国最早建立的农村党支部。保定是留法勤工俭学运动的发祥地[1]。代表的革命文物保护单位有李大钊故居、韩文公祠、育德中学旧址、布里留法工艺学校旧址等。

　　河北是长城抗战的主要战场，是中国人民早期抗日斗争的重要组成部分。1933年元旦，日军开始向山海关进攻，长城抗战在河北爆发，中国守军奋起抵抗，在长城义院口、冷口、喜峰口、古北口等地给骄横的日本侵略军以沉重打击。长城抗战是九一八事变后中国军队在华北进行的第一次较大规模的抗击日本侵略者的战役，最后虽然以签订丧权辱国的《塘沽协定》而结束，但中国守军的顽强抗战精神，激发了全国人民投身抗日救亡运动的热情[2]。代表的革命文物保护单位有喜峰口长城抗战旧址等。

---

[1] 河北省爱国主义教育基地资料丛书编委会：《河北省爱国主义教育基地资料丛书：留法勤工俭学运动纪念馆》，河北人民出版社，1996年，第2页。
[2] 中国中共党史学会：《中国共产党历史系列辞典：中国共产党历史重要事件辞典》，中共党史出版社、党建读物出版社，2019年，第75页。

河北是华北敌后抗日主战场。河北作为华北敌后抗日主战场有效地牵制、抗击和消灭了日本法西斯的大量兵力。1937年7月7日，抗日战争全面爆发。在中国共产党的领导下，太行山沿线的广大军民进行了英勇顽强、坚韧不屈的斗争，创建了第一个敌后抗日根据地——晋察冀抗日根据地；晋冀鲁豫抗日根据地军民坚持对敌斗争，巩固和扩大了根据地，铸就了光耀千秋的"太行精神"；冀中地区以其特殊的战略地位，成为抗日战争的重要战场之一，在广阔的冀中平原，各族人民奋起抗战，涌现了"百战百胜的回民支队"、神出鬼没的雁翎队等一批英雄的燕赵儿女；冀东战场孤悬敌后，在极端险恶的环境中开展敌后游击战争，驰骋长城内外，血战千里无人区。代表的革命文物保护单位有晋察冀边区政府及军区司令部旧址、八路军一二九师司令部旧址、冉庄地道战遗址、雁翎队打包运船遗址、马本斋母子烈士陵园等。

河北是解放战争的重要战场。河北不仅是夺取全国革命胜利的战略基地，也是新中国成立前夕中国共产党中央及华北人民政府的所在地，是新中国的政权基石。石家庄的解放开创了人民解放军夺取重要城市的先例，为此后进行城市攻坚战提供了宝贵经验。解放战争中，西柏坡是党中央进入北平、解放全中国的最后一个农村指挥所。中共中央和中央军委在西柏坡运筹帷幄，组织了包括辽沈、淮海、平津三大战役在内的多次重大战役，解放了长江以北广大地区，为解放全中国奠定了基础。在西柏坡召开了全国土地会议，制定了《中国土地法大纲》，召开了七届二中全会，向全党提出两个"务必"要求。在平山成立的华北人民政府被誉为新中国中央人民政府的雏形，它的成立为新中国中央人民政府的成立奠定了坚实的基础，做出了不可磨灭的历史贡献。期间，我们党在河北各地兴办学校，为解放城市输送了大批干部，负责接收、建设和城市管理。代表的革命文物保护单位有西柏坡中共中央旧址、华北人民政府旧址、华北大学旧址等。

中华人民共和国成立70年来，河北人民在社会主义革命和建设、改革开放和社会主义现代化建设新时期等各个历史阶段，始终牢记"两个务必"，弘扬"赶考"精神，探索创新，艰苦奋斗，奔跑在"赶考"路上，在不同行业领域做出重大贡献。如在环境治理中形成了"牢记使命、艰苦创业、绿色发展"的塞罕坝精神；在同地震灾害的斗争中铸就了"公而忘私、患难与共、百折不挠、勇往直前"的唐山抗震精神等。代表的革命旧址有通二矿旧址、华北制药厂办公楼、塞罕坝机械林场总场礼堂、邢台地震纪念碑等。

第四章
主要革命旧址评估

从20世纪90年代中期开展爱国主义基地建设以来，河北省大部分革命文物保护利用工作方式主要以单独的文物点或相邻的几个文物点之间区域性的保护利用为主。省级以上文物保护单位革命旧址的保护利用情况总体较好，省级以下文物保护单位革命旧址，多数为普通传统民居，相对来说保护利用情况一般或较差。

第一节　现状评估

革命文物是弘扬革命文化的载体，是一个复杂的系统，承载着不同时期、不同地方的革命精神。一些具有革命属性的不可移动文物，通过革命史实研究和革命价值挖掘，结合党史和宣传部门研究，已公布为各级文物保护单位，在一定程度上包含着对其真实性的判定。总体来讲，文物保护单位级别越高，保存状况越好。省级以上文物保护单位大部分保留了原始格局，真实性较好；部分省级以下文物保护单位存在主体建筑后期改扩建现象或修缮过度影响外观等问题，失去了其原有形态特色，一定程度上影响了革命文物的真实性。

一、本体状况

根据现存革命文物资源保存现状，按照好或较好、一般、较差或差三个级别对革命旧址的保存状况进行分级评估。其中好或较好占比约49.4%，一般占比约35.1%，较差或差占比约15.5%（图4-1）。

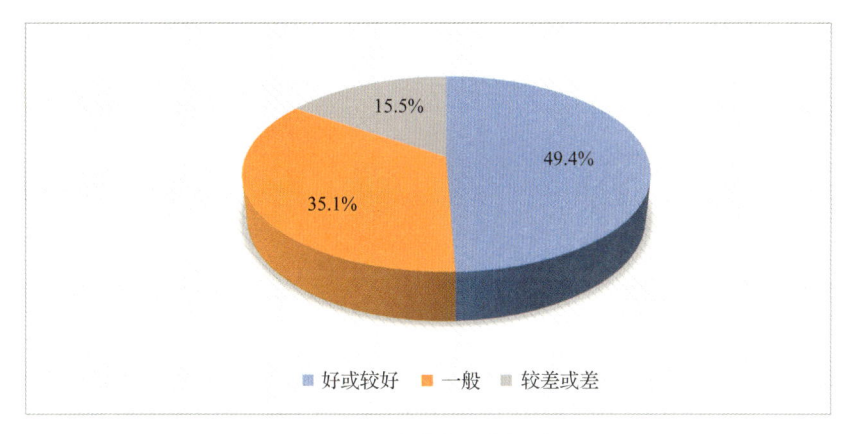

图 4-1　河北省革命旧址本体状况

（一）好或较好

平面布局完整或基本完整；单体建筑格局未发生大的改变，结构相对稳定，墙体外观保存较好，装饰装修没有发生大的改变，屋面较好，外观较整洁，形制风貌信息相对真实；纪念设施整体完好，结构安全稳定，无安全隐患；遗址表面比较清晰或遗迹历史环境风貌未发生大的改变。

当前保存好或较好的革命旧址共计678处，占比约49.4%。按保护级别统计：全国重点文物保护单位13处；省级文物保护单位39处；市县级文物保护单位329处；尚未核定为文物保护单位的297处。按产权性质统计：国家所有（含国家集体个人综合）324处；集体所有（含集体个人综合）311处；个人所有43处。

图 4-2　河北省革命旧址开放程度

（二）一般

平面布局基本完整；单体建筑格局局部改变，主体结构局部存在病害，局部产生安全隐患，墙体残损或墙面抹灰部分脱落，装饰装修改变或部分缺失，屋面存在局部渗漏现象，外观污染，形制风貌信息改变较小；纪念设施整体基本完好，结构基本安全稳定，外观有少量残损或少量污染；遗址经清理可查或遗迹历史环境风貌局部改变。

当前保存一般的革命旧址共计481处，占比约35.1%。按保护级别统计：全国重点文物保护单位2处；省级文物保护单位13处；市县级文物保护单位140处；尚未核定为文物保护单位的326处。按产权性质统计：国家所有（含国家集体个人综合）113处；集体所有（含集体个人综合）212处；个人所有156处。

（三）较差或差

平面布局不完整，全部或部分文物建筑不存或改建成其他样式房屋；单体建筑格局发生大的改变，建筑结构存在安全隐患，局部或大面积坍塌，装饰装修缺失严重或无存，屋面缺失或存在大面积渗漏现象，外观污染严重，形制风貌信息不清晰；纪念设施遭到严重损坏或严重污染；遗址无存或遗迹人为发生重大变化。

当前保存较差或差的革命旧址共计213处，占比约15.5%。按保护级别统计：省级文物保护单位4处；市县级文物保护单位55处；尚未核定为文物保护单位的154处。按产权性质统计：国家所有（含国家集体个人综合）32处；集体所有（含集体个人综合）66处；个人所有115处。

二、环境状况

个体环境差异大，利用程度影响显著。大部分革命旧址位于乡村田野，总体上能基本保持当初的自然和人文环境，具体到每个资源点的环境状况存在较大差异。开发利用情况直接影响革命文物周边环境质量，已形成一定规模的开放场所整体环境较好。其中，保护级别为省级以上文物保护单位的革命旧址情况较好，如西柏坡中共中央旧址、晋察冀军区司令部旧址、八路军一二九师司令部旧址、中国人民银行旧址、晋冀鲁豫烈士陵园、前南峪抗日军政大学旧址、陈庄歼灭战旧址等。

乡村环境状况一般。大多数革命旧址为传统民居建筑，位于村落之中，其环境状况与所在乡村的经济状况、管理者的认识和管理水平直接相关，总体环境状况一般，部分保护级别低的革命旧址传统风貌改变较大。随着村民经济条件和住房改善需求的增加，各类线路架空设置，空间景观杂乱，新式房屋的建设在高度、体量、色调、外观形式等方面也会对原有的村落历史环境造成一定的影响。还因为自身地理位置关系，加之新的村镇发展方向，很多革命旧址已处于村落边缘，呈荒弃状态，周边环境更加恶劣。山区内部分市县级文物保护单位和尚未核定为文物保护单位的所在村庄整体风貌保存较好，历史环境信息未发生较大的改变。随着经济社会发展，有些村庄将要整体搬迁，有的村庄被整体拆除后还林绿化。由于自然灾害或生产生活建设等活动，遗址或遗迹的历史环境风貌将会遭到破坏。

三、评估结论

通过统计分析，文物保护级别越高，产权性质为国家或集体所有的革命旧址保存状况相对较好。文物保护级别越低，产权性质为个人所有的革命旧址保存状况越不理想。主要存在以下问题：一是部分革命文物为民居，建造质量差，经过多年风雨侵蚀，文物本体存在较严重的残损。二是产权属于国家、集体所有的革命文物大部分保存状况较好，但属于私人所有的革命文物保存状况较差，缺乏日常维护。三是部分产权人长期在外务工或搬离，旧居内无人居住打理，建筑本体年久失修，存在较大隐患。四是部分纪念设施受风化冻融的破坏，残损严重或遭到人为乱涂、乱刻等损坏。五是由于自然灾害或生产生活建设等活动，遗址或遗迹的历史环境风貌遭到破坏。

第二节 展示利用评估

一、开放情况

（一）产权对开放影响程度大

至2021年5月，根据调查统计，现已开放953处，占比约69.5%，包括：全国重点文物保护单位13处，省级文物保护单位33处，市县级文物保护单位439处，尚未核定为文物保护单位的468处；未开放419处，占比约30.5%（图4-2）。其中，已开放的多数产权为国家所有或集体所有，共806处，产权为个人所有的147处；未开放的产权为国家或集体所有的252处，产权为个人所有的167处。

（二）文物保护级别高的革命旧址开放程度较好

目前，省级以上文物保护单位71处，现已开放46处，开放率约65%，全部为国家或集体产权，多数为重要机构、重要会议旧址和烈士事迹发生地、烈士墓地或纪念建（构）筑物类型，如晋察冀边区及军区司令部旧址（阜平县）、八路军一二九师司令部旧址（涉县）、晋冀鲁豫烈士陵园（邯郸市）、董存瑞烈士陵园（隆化县）等。部分革命旧址未开放的原因主要是旧址位于厂矿、学校、医院内部，或正在维修中，或为居民住宅。如晋察冀军区司令部旧址（张家口市）位于张家口市第六中学内；正太饭店（张家口市）产权属铁路部门，已完成内部搬迁与周边建筑清理，现已规划入石家庄市中央商务区建设内容中；新保安战役遗址（怀来县）中的清真寺和城墙已开放，涉及的居民住宅未开放；冀东二十五县烈士陵园与抗战胜利纪念楼（唐山丰润区）中的烈士陵园开放，抗战胜利纪念楼因居民居住未开放。

市县级文物保护单位对外开放439处，未对外开放85处，开放率约84%。其中，部分已开放的市县级文物保护单位还未达到日常性开放程度。

二、展示利用状况

（一）保护级别高的革命旧址展陈率较高

省级以上文物保护单位革命意义突出，规模较大，各级政府重视程度高，纪念活动频繁，参观游览量大，因此展陈丰富，讲解员配置到位，大部分省级以上文物保护单位利用已有纪念馆或本体建筑进行陈列布展，利用状况较好，如西柏坡中共中央旧址（平山县）、晋察冀边区政府及军区司令部旧址、八路军一二九师司令部旧址（涉县）、前南峪抗日军政大学旧址（邢台信都区）等。还有一部分未进行陈列布展，主要原因是正在维修中、居民住宅或本身不具备展陈条件，如石家庄大石桥（石家庄市）、正太饭店（石家庄市）、挂云山六壮士跳崖遗址（井陉县）、乏驴岭铁桥（井陉县）、深泽永济桥（深泽县）、新保安战役遗迹（怀来县）、小西天三壮士墓（兴隆县）、冀东二十五县烈士陵园与抗战胜利纪念楼（唐山丰润县）。

随着对革命文物工作重要性认识不断提高，地方政府和相关行业部门投入有所加大，一些市县级文物保护单位的革命文物资源开放利用情况显著好转，部分市县级及以下文物保护单位也进行了陈列布展，多数利用本体建筑进行陈列布展，展陈率还比较低。已陈列布展的市县级文物保护单位，还存在展陈简陋，展示宣传方法单一，缺乏统一规范地讲解说明等问题。

（二）开放利用主体多元，开放程度不一

河北省革命旧址开放利用的主导方大部分为文物管理部门、宣传部门、退役军人事务管理局的下属或直属单位；部分为学校、医院等产权单位，如晋察冀军区司令部旧址（张家口市）、直隶第四初级师范学校旧址（邢台市）、顺德府仁慈医院

旧址（邢台市）等。另外，一些单体革命旧址位于当地风景区内，景区管理者将其当作扩展游览内容、丰富旅游体验的要素，主动加以开发；部分县区开始依托革命文物资源打造参观游览区，如磁县利用陶泉乡西韩沟村内多处革命文物资源点为依托，对村落进行整体开发利用。

（三）主导单位或部门影响开放利用程度和质量

革命文物资源开放利用的程度和质量与主导单位的认识水平、工作方法及地方政府重视程度关联密切。如前南峪抗日军政大学旧址由抗日军政大学陈列馆主管，由集体或私人产权人提出申请，纳入开放范畴，实施统一管理。多个村落在共建共享理念指引下，按照"科学规划、试点先行，基础共建、资源共享，形象共塑、产品共用"原则，统筹推进革命文物保护开放利用。带动当地村民就业创业，为推动乡村振兴提供助力，开放带来的实际收益使群众积极性高涨，各方沟通较为顺畅，革命文物开放利用效果显著。

（四）资源整合利用不充分

革命文物之间缺乏有效的关联与互动。部分革命文物现有旅游线路吸引力不足，未将周边与其相关联的革命文物统筹其中，而且与其他旅游产品结合不够充分，整体效益尚未有效发挥。

三、评估结论

部分革命文物利用互联网等新媒体在展示手段和形式上不断创新，打造了一批红色旅游景区和品牌，但还有相当部分旧址未得到充分展示利用。主要存在以下问题：一是展示手段和宣传方式落后。相关联的革命文物展示内容过于重复，自身特色不突出。传统媒体和新媒体等宣传途径尚未充分利用，讲解缺乏吸引力和感染力。二是可移动革命文物征集、展陈和保护有待加强。可移动革命文物征集难度加大，有的革命文物纪念馆或博物馆馆（库）存文物数量较少，保管条件差，陈列展示利用率低。三是基础配套设施不完善。多数革命文物位于农村和山区，最基本的基础配套设施如导引标识、垃圾桶、厕所等还不完备，有的基础配套设施与革命文物历史风貌不相协调。四是红色旅游资源整合利用不充分。部分革命文物现有旅游线路吸引力不足，未将周边与其相关联的革命文物统筹纳入其中，而且与其他旅游产品结合不够充分，红色旅游资源的整体效益尚未有效发挥。

第三节　管理评估

一、基础工作

中央和省级主要部门相继公布了革命文物保护利用片区和革命文物名录，地方政府在公布保护单位时对革命旧址类文物有所侧重，部分地区对名称不清晰的革命旧址进行了调整，使其革命属性或意义更加明确。各级文物行政管理部门及相关单位共同努力稳步推进革命文物基础工作。

（一）革命文物片区划定

1. 河北省对革命文物保护片区的划定

2018年12月31日，中共河北省委办公厅、河北省人民政府办公厅印发《关于印发〈河北省革命文物保护利用工程（2018～2022年）实施方案〉的通知》（冀发办〔2018〕59号），提出以抗日战争时期中国共产党领导的晋察冀、晋冀鲁豫两大敌后抗日根据地和西柏坡中共中央所在地及华北人民政府旧址三个革命文物资源集中片区为依托，制定我省革命旧址保护和利用的工作计划，其中晋察冀片区主要分布在石家庄、保定、雄安新区、张家口、承德、唐山、定州等地区；晋冀鲁豫片区主要分布在邯郸、邢台、石家庄等地区；西柏坡中共中央所在地及华北人民政府旧址片区主要分布在石家庄地区。经分析，这三个革命文物资源集中片区的划定依据是抗日战争时期坚持敌后根据地斗争时段的形势（1941～1942年）和我省革命旧址特点。

2. 国家对革命文物保护片区的划定

2019年3月6日，中央宣传部、财政部、文化和旅游部、国家文物局公布了第一批革命文物保护利用片区分县名单，按照集中连片、突出重点、国家统筹、区划完整的原则，确定了在河北省区划范围内的革命文物保护利用片区是晋冀豫片区（18个市区县）。2020年6月30日，又相继公布了第二批革命文物保护利用片区分县名单，确定了在河北省区划范围内的革命文物保护利用片区共计4个，分别是晋察冀片区（53个市区县）、冀热辽片区（16个市区县）、冀鲁豫片区（22个市区县）、山东片区（1个县）。经分析，这是根据抗日战争时期敌后根据地军民大反攻时段的形势（1945年）所划定的。

（二）革命文物名录公布

1. 全国重点文物保护单位革命文物名录

2020年11月11日，按照中共中央办公厅、国务院办公厅印发《关于实施革命文物保护利用工程（2018～2022年）的意见》（中发办〔2018〕45号）要求，经中央有关部门审核，并征求地方意见后，国家文物局公布了全国重点文物保护单位革命文物名录共482处，其中河北省15处（含多省份1处[①]）（表4-1；图4-3）。

表4-1　河北省全国重点文物保护单位革命文物名录

序号	名称	地址	批次
1	中国人民银行总行旧址	石家庄市新华区	第七批
2	西柏坡中共中央旧址	石家庄市平山县	第二批
3	李大钊故居	唐山市乐亭县	第三批
4	左权将军墓	邯郸市邯山区	第八批
5	晋冀鲁豫边区政府旧址	邯郸市涉县	第七批
6	八路军一二九师司令部旧址	邯郸市涉县	第四批
6	八路军一二九师司令部旧址	山西省晋中市左权县	第六批（归并项）
7	中共晋冀鲁豫中央局和军区旧址	邯郸市武安市	第六批
8	义和拳议事厅旧址	邢台市威县	第六批
9	育德中学旧址	保定市竞秀区	第六批
10	冉庄地道战遗址	保定市清苑区	第一批
11	晋察冀边区政府及军区司令部旧址	保定市阜平县	第四批
12	布里留法工艺学校旧址	保定市高阳县	第六批
13	晋察冀军区司令部旧址	张家口市桥东区	第七批
14	察哈尔民主政府旧址	张家口市宣化区	第七批
15	长城-喜峰口长城	承德市宽城满族自治县、唐山市迁西县	第七批

---

① 邯郸涉县的"八路军一二九师司令部旧址"和山西省左权县的"八路军一二九师司令部旧址"公布时为归并项。

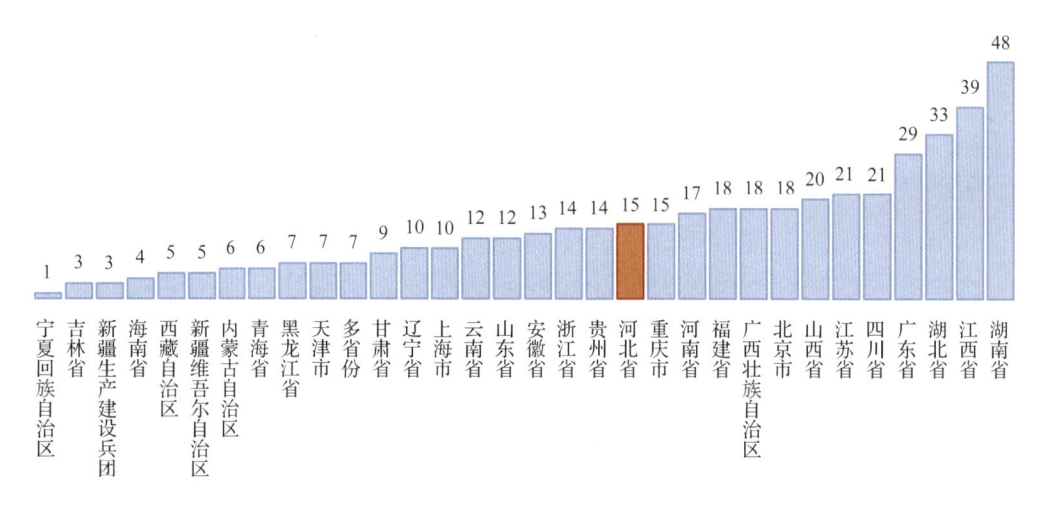

图 4-3 全国重点文物保护单位革命文物数量公布情况

2. 河北省革命文物名录

2021年2月26日，按照国家文物局《关于开展革命文物名录公布工作的通知》（文物革函〔2020〕395号）要求，经调查、核定并征求相关部门意见后，河北省文物局公布了第一批河北省革命文物名录名单，包括各级文物保护单位595处[①]，其中全国重点文物保护单位15处[②]，省级文物保护单位57处，市县级文物保护单位523处。各地市数量公布情况如下：石家庄市135处（含辛集市2处）；保定市117处（含雄安新区15处，定州市4处）；邯郸市113处；邢台市60处；衡水市37处；张家口市35处；承德市29处；唐山市23处；沧州市23处；廊坊市15处；秦皇岛市8处（图4-4）。

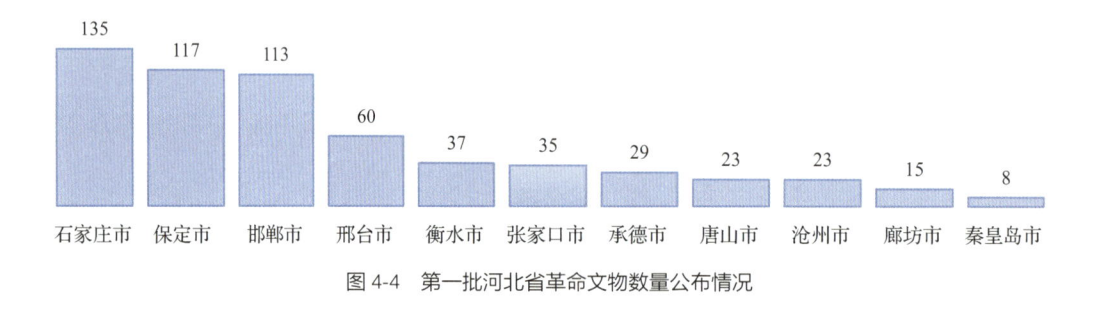

图 4-4 第一批河北省革命文物数量公布情况

（三）文物保护"四有"工作

省级以下文物保护单位管理力量相对薄弱，保护区划不完善、文物科学记录档

---

① 详见附录一《河北省文物局关于公布河北省革命文物名录（第一批）的通知》。
② 该名单同2020年11月11日国家文物局公布的全国重点文物保护单位革命文物名录名单

案不健全、保护标志不规范或缺失等现象在各地均有不同程度体现。部分市县级文物保护单位名称存在不准确的现象。

（四）日常管理与监管

部分革命文物资源动态管理不及时，现存状况与全国第三次文物普查公布内容相比发生了较大变化，残损严重现象较为突出，个别已公布为文物保护单位的旧址已消失无存。部分低级别文物保护单位存在违规修缮现象，使原风貌改变，反映出当地管理部门在日常监管方面存在不到位现象。

文物保护管理人员工作调整时，后续工作得不到有效衔接，致使接任者对辖区文物状况不熟悉，造成低级别的文物保护单位得不到重视，缺乏有效管理。相关专业人才缺乏，缺少针对革命文物的相关历史研究和发掘。

二、管理体制

全国第三次文物普查后，各地县级人民政府公布了尚未核定公布为文物保护单位的不可移动文物名单，绝大部分革命文物资源已纳入法律保护体系；省级以上文物保护单位全部公布了保护范围和建设控制地带，部分保护单位编制了文物保护规划，基本实现依法保护。

革命文物中的重要机构、重要会议旧址，重要人物故居、旧居等建筑类文物资源多为当地民居，由于历史原因，这些资源往往产权复杂，普遍存在一院多户、一房多户现象，由于各自需求不同，利益难以协调，涉及使用、管理、保护问题时难以达成一致意见。对无人居住、处于长期闲置状态的民居还缺乏有效管理，保护管理机制有待健全。

三、评估结论

革命文物中有较大比例的私人产权民居类建筑，该类革命文物保存状况相对较差。无居住需求的多数消极对待，任由房屋闲置，疏于管理，房屋毁损日趋严重，乃至坍塌无存；有居住需求的，如经济条件许可，往往对房屋进行不同程度的修缮或翻建，个人需求层次、认识水平高低，直接决定了修建后整体效果，对文物建筑的真实性、完整性造成冲击和影响。部分革命文物动态管理不及时，日常监管有待提高，文物保护"四有"工作需要进一步完善。

第五章
相关建议

第一节　实施科学分类保护

　　在制定革命文物保护方案或保护工程实施过程中，要重视历史信息的真实性、准确性，最大限度保持革命文物在革命历史时期的本体及环境的原状，对革命时期状态已发生显著改变的，应详细鉴别并加以论证，确定原状应包含的全部内容。如重要事件和重大战斗的遗址、遗迹，或具有重要影响的烈士事迹发生地等革命文物不宜迁移，要坚持原址保护，并最大限度地维护好其特有的历史环境风貌。

　　河北省革命文物存量大，要保护好，首先得通过深入细致的勘察、研究、评估，根据保存状况进行科学合理地分类，然后再制定相应的保护措施。对平面布局完整，结构安全稳定，外观整洁，形制风貌信息相对真实的革命文物，主要以保养维护或环境整治措施为主；对平面布局基本完整，结构相对稳定，但局部存在残损的革命文物，主要以加固或现状整修措施为主；对平面布局不完整，建筑结构存在安全隐患的革命文物，主要以重点修复措施为主；对纪念性建（构）物或遗址、遗迹类革命文物主要以保养维护和环境整治措施为主。

第二节　推进合理有效利用

一、围绕重要资源构建展示利用体系

　　革命旧址展示利用应与相邻区域已发布的红色旅游精品线路及省内爱国主义教育基地、国防教育基地、党性教育基地充分结合，针对我省革命旧址特征推出以抗

日战争时期和解放战争时期革命文物为主的展示线路。其他时期革命文物资源在展示线路上统筹考虑。依托省级以上文物保护单位，结合相关联的其他保护级别革命文物，打造片区主题，对展示线路进行拓展。建立以点串线、以线带区的整体展示体系，突出密集分布的革命文物片区，细化展示策略，串联展示线路，明确重点展示项目。

二、推进方法手段改革创新

深入挖掘革命历史事件、重要人物和可移动革命文物的价值和内涵，在展示过程中注意和相关革命文物的关联，突出独特性，避免同质化。开发多样化的展示方式，策划主题突出、导向鲜明、内涵丰富的专题展览，推进"互联网+"为渠道的新型展览模式，增强革命文物陈列展览的互动性、体验性，提升参与度和影响力。讲好红色故事，让革命文物在合理保护的前提下"活"起来、"用"起来，为人民群众提供更多更优的精神产品，提升革命文物品牌效应。加强标识系统工程，扩大宣传推介，增强社会教育功能。

三、整合资源促进区域内整体发展

根据自身特点和研究成果，开发特色鲜明、高质量的文化创意产品，在助力革命精神宣传教育的同时，不断提高革命文物的经济效益，推动当地全面、协调和可持续发展。对价值较低或分布较远的建筑类革命文物可拓展为公共服务空间，使其继续发挥社会教育和公共服务功能。充分利用乡村振兴、绿色发展等政策，将其与革命文物保护利用工作相结合，改善当地不可移动革命文物的交通、水电、网络等基础设施，并惠及周边居民生产、生活。依托当地革命旧址的"红"聚人气，以生态产业的"绿"惠民生，促进"以红带绿，以绿托红"的"红绿融合"发展模式，促进区域整体协调、快速发展。

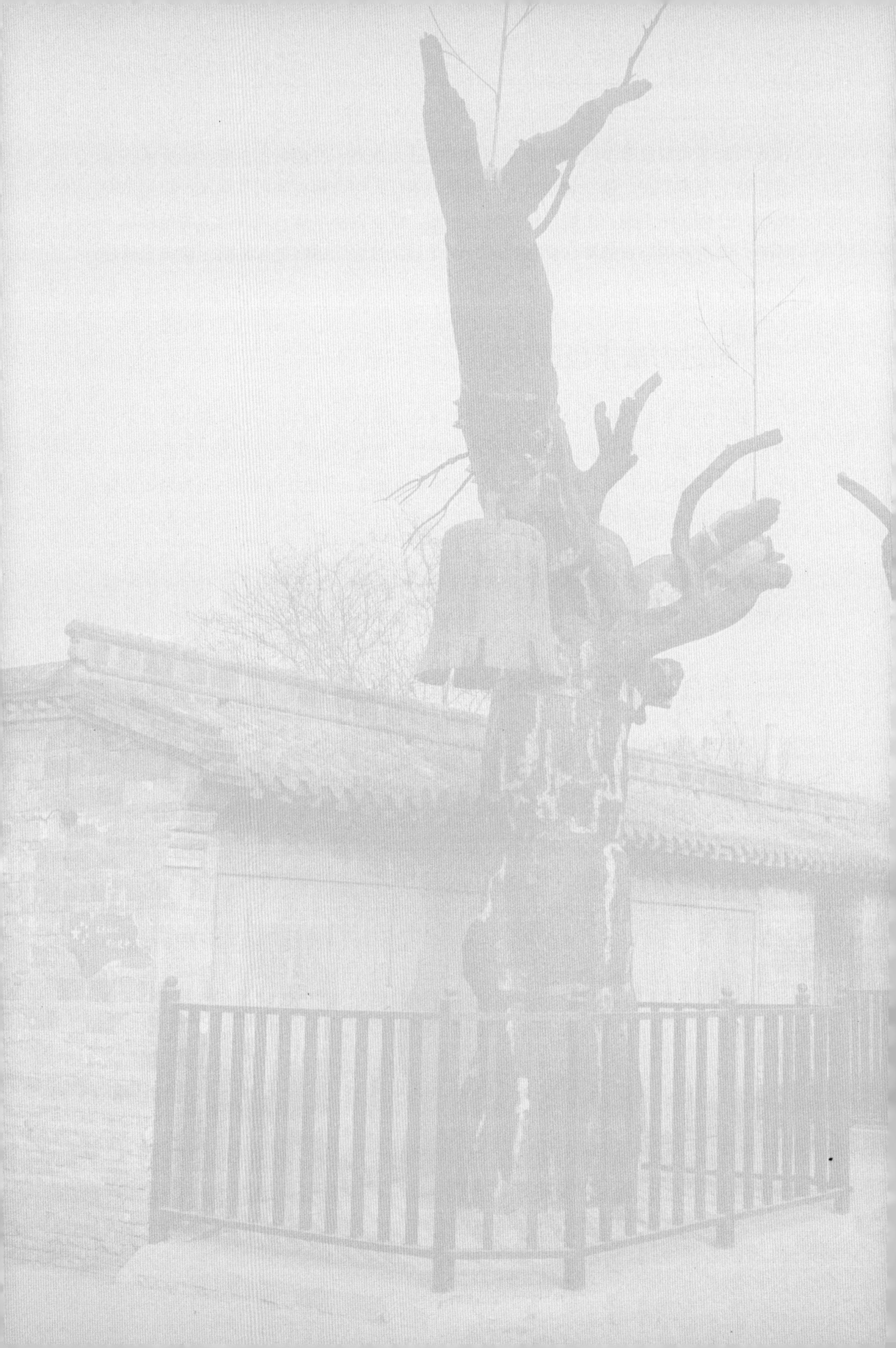

下编
重要或代表性革命旧址

壹 全国重点文物保护单位

1. 义和拳议事厅旧址

义和拳议事厅位于河北省邢台市威县县城东15公里处的固献乡沙柳寨村内。议事厅院落东西宽15米，南北长21米，占地面积315平方米。议事厅坐北朝南，面阔五间，明间、次间前出廊，进深一间，两梢间进深两间。室内陈列历史图表、图片、资料、实物和有关文献资料，展示义和团运动发生的背景、发起和斗争历程。

义和团以义和拳名目开端，义和拳组织曾贯穿清代的几次重大农民运动。赵三多（1841~1902年）是义和团运动的最早首领和举旗人，作为梅花拳首领在威县、冠县、邱县一带远近闻名，光绪二十一年（1895年）改梅花拳为义和拳，组织并领导了三次武装起义。义和团运动经历了反洋教斗争到抗击八国联军，从"助清灭洋"到"扫清灭洋"的过程，反映了义和团民的觉醒，是一次伟大的反帝爱国运动，在一定程度上阻止了各帝国主义列强对中国的瓜分，同时也打击和削弱了清政府的反动统治，认识到了反帝必反封建，促进了中国人民的觉醒，鼓励后来者走上了推翻清政府的革命道路。赵三多领导的义和团武装起义最早，坚持时间最长，活动范围最广，影响最大，在义和团运动史上占有十分重要的地位。

义和拳议事厅旧址为第六批全国重点文物保护单位（图1-1-1~图1-1-4）。

下编　重要或代表性革命旧址

图 1-1-1　义和拳议事厅旧址全景（由西向东拍摄）

图 1-1-2　义和拳议事厅旧址
（由西南向东北拍摄）

图 1-1-3　义和拳议事厅旧址院内
（由西向东拍摄）

图 1-1-4　义和拳议事厅旧址内
展览

2. 李大钊故居

　　李大钊故居位于唐山市乐亭县东南的大黑坨村，始建于清光绪七年（1881年），是一处冀东农村典型的带穿堂式砖木结构院落。院落坐北朝南，南北长55.5米，东西宽18.2米，占地面积约1010平方米。院落分前院、中院和后院，南墙设大门，面阔、进深各一间，可过车。前院无正房，仅设两侧厢房和小耳房；经隔墙门进中院，中院包括正房和两侧厢房，正房为穿堂式建筑，是李大钊同志长期居住过的房屋。中院东厢房三间，李大钊就诞生在此房的最北一间。后院分隔为东西两个院，东院设东厢房，原来是家里存放粮食的地方，李大钊经常到这里读书、习字、写文章；西院原是其三祖父李如璧的住宅，现建筑无存，东西两院北墙均设后门。整个院落错落有致，功能、布局清晰。1997年8月在乐亭县城建李大钊纪念馆，距李大钊故居约20公里。

图 1-2-1　李大钊故居全景（由西南向东北拍摄）

图 1-2-2　李大钊故居二门（由南向北拍摄）

李大钊（1889～1927年），字守常，河北乐亭人，中国共产主义运动的先驱，伟大的马克思主义者，杰出的无产阶级革命家，"五四运动"的领导者及中国共产党的主要创始人之一。中国共产党成立以后，李大钊代表党中央负责北方区的工作。在国共合作时期，帮助孙中山确定联俄、联共、扶助农工三大政策和参与改组国民党的工作。1924～1925年，多次领导工人罢工和北方反帝反军阀运动，1927年4月，被军阀张作霖逮捕，在北京英勇就义。

李大钊同志为中国民族独立和人民解放做出了卓越贡献，建立了不朽功勋。李大钊故居见证了一代伟人的成长历程，是进行革命传统教育、爱国主义教育、党史学习教育的重要场所。

李大钊故居为第三批全国重点文物保护单位；李大钊纪念馆为首批全国爱国主义教育示范基地（图1-2-1～图1-2-5）。

图 1-2-3　李大钊故居内展览

图 1-2-4　乐亭县李大钊纪念馆（由南向北拍摄）

图 1-2-5　乐亭县李大钊纪念馆内部展览

3. 布里留法工艺学校旧址

布里留法工艺学校旧址位于保定市高阳县西演镇布里村村南，旧址坐北朝南，现主要包括两排建筑，占地面积约2500平方米。前排建筑共11间，大门设于前排建筑中部偏东，大门东侧3间为实习工厂，西侧8间为校长办公室及宿舍、教员办公室、储藏室等。后排建筑主要为豆腐公司训练班、教室和南方班宿舍等。

该校建于1917年，由蔡元培、李石曾、段宗林等人组织创建，是我国最早的一所留法勤工俭学预备学校，1918年改名为布里留法工艺学校。1917~1920年学校曾招收三期学员，蔡和森等曾在此任教，学校的

图1-3-1 布里留法工艺学校旧址全景（由南向北拍摄）

下编　重要或代表性革命旧址

图 1-3-2　大门（由南向北拍摄）

图 1-3-3　前房（由东南向西北拍摄）

095

图 1-3-4　前房蔡和森故居室内情况（由东北向西南拍摄）

主要课程有法语、国文、数学、物理、化学、制图和生产实习等。在布里村留法工艺学校建立的同时，李石曾与蔡元培到保定育德中学参观并讲演，宣传留法勤工俭学。在其倡导下，育德中学将法文班改为"留法高等工艺预备班"，把学校的手工工厂改建成留法班的实习工厂。1920年8月，由于国内外形势发生变化，学校停办。

20世纪初的留法勤工俭学运动，是在我国旧民主主义革命和新民主主义革命交替之际，广大有识之士和进步知识分子与有志青年为学习西方科学文化技术、寻求救国真理而开展起来的一场影响深远的群众运动，是新文化运动的重要组成部分。高阳县布里村留法勤工俭学工艺学校共培养了近200名留法或留欧的学生，为中国革命和建设培养了一批杰出之才。勤工俭学的教育之路，至今仍有许多值得学习和借鉴的意义。

布里留法工艺学校旧址为第六批全国重点文物保护单位（图1-3-1～图1-3-6）。

下编　重要或代表性革命旧址

图 1-3-5　后房豆腐公司训练班室内情况（由西向东拍摄）

图 1-3-6　院内雕塑（由西向东拍摄）

097

4．育德中学旧址

育德中学旧址位于保定市金台驿街86号，主体建筑是一座典型的清末民初砖木结构的四合院，原学校建筑大部分已无存，现仅存幼云祠堂和校长办公室及原校长张纪五先生纪念碑一通，占地约2400平方米。1986年修缮幼云祠堂及校长办公室，复建南北房各一排、校门楼一座、过厅三间。校门坐西朝东，是一座青砖布瓦式传统建筑门楼，南、北两排房原是育德中学的教务处所，现辟为留法勤工俭学运动纪念馆的展室；西房"幼云堂"是1936年为纪念育德中学创建人陈幼云先生所修建的祠堂，"幼云堂"西是原育德中学的校长办公室。

育德中学原为直隶讷公祠小学，1907年以陈幼云为首的13名同盟会员将其改建为私立中学，名"育德中学"，寓意传播革命，培育英才。建校后，吸收各界先进分子入会，积极开展反对清王朝的活动，在历次

图 1-4-1　育德中学旧址全景（由北向南拍摄）

下编　重要或代表性革命旧址

图 1-4-2　育德中学旧址（由东向西拍摄）

图 1-4-3　过厅（由东向西拍摄）

099

革命运动中处于保定领导中心地位。1917年至1920年该校附设留法勤工俭学高等工艺预备班，我们党老一辈无产阶级革命家刘少奇、李富春、李维汉等曾在此班就读。1923年建立保定第一个中共党支部——育德中学党支部，成为保定党组织的发祥地。1937年，七七事变后，校址被日军侵占，遭严重毁坏，学校被迫迁徙。经抗日战争、解放战争期间多次辗转，直到保定解放后，人民政府在育德中学校址西部划出一小部分，重新建立学校，几经更名，于1985年4月25日，重新恢复育德中学名字。育德中学为革命输送了大批人才，为革命事业做出了巨大贡献。

育德中学旧址为第六批全国重点文物保护单位、河北省爱国主义教育基地（图1-4-1～图1-4-5）。

图 1-4-4　幼云堂（由南向北拍摄）

图 1-4-5　幼云堂室内展览

图 1-5-1　喜峰口长城抗战旧址（由东向西拍摄）

5. 喜峰口长城

　　喜峰口长城位于河北省承德市宽城满族自治县桲罗台西堡子村、横城子村和新店子村南山梁上，为明蓟镇长城河北段的重要关隘之一，属蓟镇中路－喜峰口路，明时设分守参将镇守，雄踞滦河河谷与长城相交之地，是东连山海、西护京师、外控漠北、内通畿辅的著名关口。喜峰口长城由营城、关城、谎城、敌台、马面、烽火台及城墙等建筑及设施组成。营城坐落于群峰环抱的一片开阔的盆地间，三面依水，一面靠山辟四门，南门曾悬"喜峰营"石刻匾额。谎城位于营城东北悬崖之上，与营城呈掎角之势。关城建于营城北面，出入关须经三道门，故号称

图 1-5-2　喜峰口长城抗战旧址（由东南向西北拍摄）

"三关口"。1976年实施引滦入津工程，潘家口水库截流以来，喜峰口及其关城皆淹没于水库中只在水面上露有一点残墙，枯水季节，尚可看见关城残址，成为著名的"水下长城"。喜峰口长城现存墙体全长10001米，其中：砖墙819米，石墙3217米，山险5965米。现存敌台23座，其中：实心敌台7座，空心敌台16座。关堡遗址1座、瓮城1座，现已淹没于潘家口水库之下约10米处。烽火台5座。

喜峰口长城，明洪武初年大将军徐达始筑，景泰元年至三年（1450～1452年）修建喜峰营城及喜峰口关城，嘉靖四十五年增建，明万历年间（1573～1620年），由抗倭名将戚继光主持扩筑。喜峰口段长城不仅在明蓟镇长城中占有重要的地位，而且在历史上也具有重要的价值，许多重大历史事件、重要战事曾在此发生。1933年1月至5月，日军占领中国东北以后，把侵略的矛头指向华北广大地区，1933年元旦，日军开始向山海关进攻，中国守军英勇还击，揭开了长城抗战的序幕。3月起，驻守长城的中国军队，包括原属冯玉祥的西北军、原属张学良的东北军和蒋介石嫡系的中央军共13个军，在全国抗日救亡浪潮的推动下，奋起抵抗，在长城义院口、冷口、喜峰口、古北口等地给日本侵略军以沉重打击。由于国民党政府坚持"攘外必先安内"的方针，长城守军得不到有力支援，奋战两个多月，伤亡惨重，至5月被迫撤离长城各口，造成日军包围平津的态势。长城抗战是九一八事变后中国军队在华北进行的第一次较大规模的抗击日本侵略者的战役，最后虽然以签订丧权辱国的《塘沽协定》而结束，但中国守军的顽强抗战精神，激发了全国人民投身抗日救亡运动的热情。

喜峰口长城为全国重点文物保护单位（2013年公布，并入第五批全国重点文物保护单位——长城）（图1-5-1～图1-5-3）。

图1-5-3 喜峰口长城抗战旧址——潘家口水库全景（由西北向东南拍摄）

6. 晋察冀边区政府及军区司令部旧址

晋察冀边区政府及军区司令部旧址位于保定市阜平县，由晋察冀边区政府成立处旧址、晋察冀边区政府花山旧址、晋察冀边区政府家北旧址、晋察冀军区司令部城南庄旧址、晋察冀军区司令部庙台旧址5处旧址组成。

（1）晋察冀边区政府成立处旧址

晋察冀边区政府成立处旧址位于阜平县城阜平中学院内西北部，原为阜平县第一完全小学"大北堂"，建筑为硬山建筑，面阔九间，进深一间，木桁架结构，土坯墙体外包青砖。1937年11月18日，晋察冀军区司令部由山西五台移驻阜平县城后，聂荣臻召集冀察两省各军政民领导人就组织全边区临时政权交换意见，得到一致赞同。1938年1月，晋察冀边区军政民代表大会在这里召开，晋察冀边区政府宣告成立，并选举产生了晋察冀边区临时行政委员会（图1-6-1）。

图1-6-1　军政民代表大会旧址（由西南向东北拍摄）

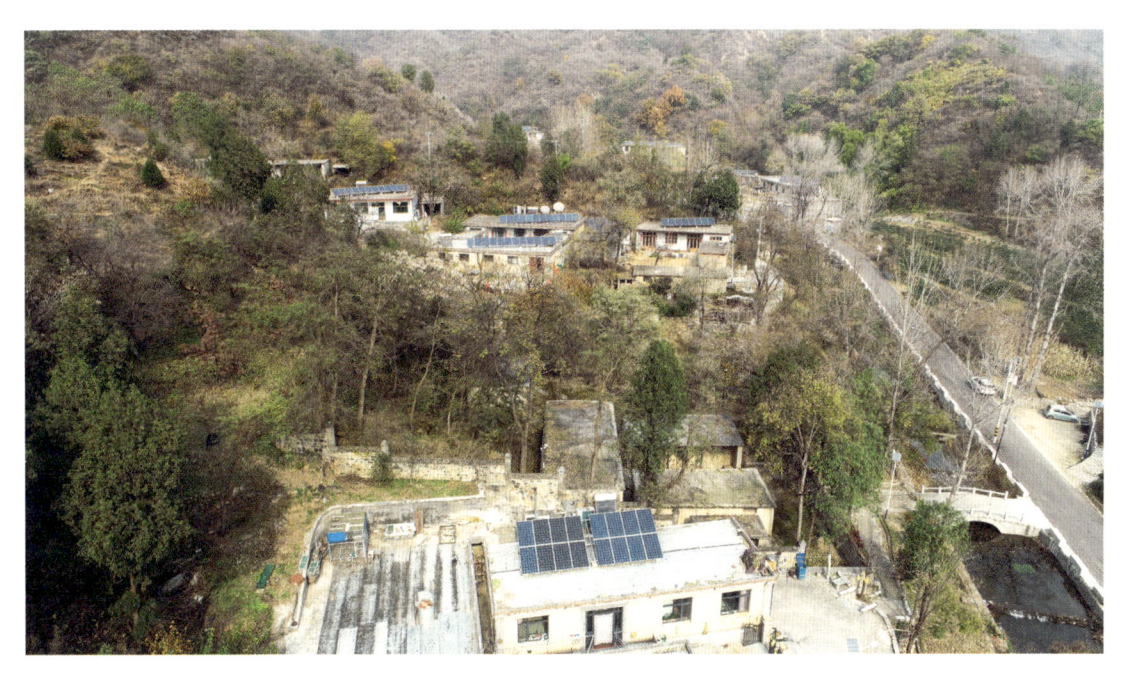

图1-6-2 花山旧址（由南向北拍摄）

（2）晋察冀边区政府花山旧址

晋察冀边区政府花山旧址位于阜平县城南庄镇花山村，旧址为三合院布局，包括西正房、南北厢房、后院伙房及防空洞，占地面积约3510平方米。西正房、伙房为前出廊平顶房，面阔四间，进深一间；南北厢房为前出廊平顶房，面阔三间，进深一间；防空洞长约50米。

1939年11月，晋察冀边区政府由顾家台迁到花山村，至1940年秋。1940年1月15日，在此召开了庆祝边区政府成立两周年大会，彭真、聂荣臻、宋劭文分别讲话，会议期间举办了军工和工农业生产展览。1940年2月22日，召开了边区干部会议，宋劭文作了《从开展边区宪政运动促进全国宪政运动》的报告。1940年6月15日，边区政府颁布了《晋察冀边区县区村暂行组织条例》《晋察冀边区参议会暂行组织条例》《晋察冀边区暂行选举条例》。1943年8月至12月军区司令部进驻花山村。在解放战争期间，1948年5月18日凌晨，毛泽东同志在城南庄的住地遭敌机轰炸，转移到花山村居住10天。1972年建"花山毛主席旧居纪念馆"（图1-6-2～图1-6-4）。

图 1-6-3 花山旧址院内（由东向西拍摄）　　　　　　图 1-6-4 花山旧址会议室室内情况（由东南向西北拍摄）

（3）晋察冀边区政府家北旧址

晋察冀边区政府家北旧址位于阜平县史家寨乡家北村东花果山的太平庄东岸，为窑洞建筑。家北窑洞群旧址于1943年秋营建，1944年春晋察冀边区政府首脑机关进驻家北，1945年12月迁往张家口。旧址主要包括五组窑洞集中区（公安局旧址、检察院旧址、法院旧址、统战部旧址、作战部旧址）、两个过山洞及边区政府大礼堂遗址。窑洞依山势营造，有黄土质、砂石质两种，部分保存状况较差或坍塌。两个过山洞为砂石质，一个长约95米，另一个长约120米，各有三个洞口，将三个窑洞群连成一体。边区政府大礼堂遗址坐东朝西，平面为"T"字形，现保存部分墙基。1944年12月底至1945年1月中旬，晋察冀边区第二届群英会在大礼堂召开，大会总结了大生产运动的开展情况和减租减息情况，并动员集中一切力量准备抗日大反攻。解放战争时期，1946年1月至10月家北旧址为冀晋行政公署驻地，1946年10月至1948年5月为北岳区行政公署驻地（图1-6-5、图1-6-6）。

下编　重要或代表性革命旧址

图 1-6-5　家北旧址统战部旧址鸟瞰（由西南向东北拍摄）

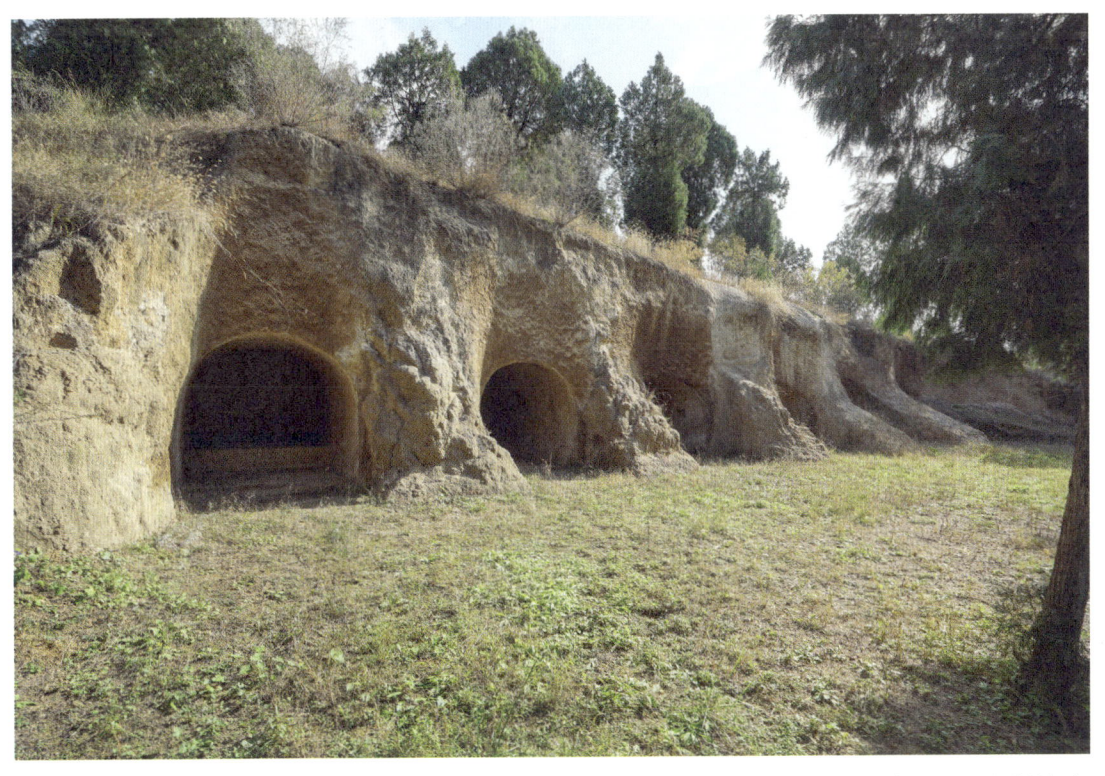

图 1-6-6　家北旧址作战部旧址（由西北向东南拍摄）

107

（4）晋察冀军区司令部城南庄旧址

　　晋察冀军区司令部城南庄旧址位于阜平县城南庄镇，是1947年秋聂荣臻司令员率领军区机关从张家口撤离回到阜平修建的。旧址包括三排五栋土木结构平顶房，有毛泽东、周恩来、任弼时、聂荣臻、萧克、赵尔陆等住宅，还有办公室、会议室、作战室、电话室、警卫室、伙房等，建筑的后山坡存晋察冀军区工兵连的战士人工挖凿长约128米的防空洞一处。晋察冀军区司令部城南庄旧址由过山洞与庙台旧址相通。1948年4月，毛泽东、周恩来率领中央机关从延安来到城南庄，在此居住、工作了46天。其间，毛泽东在这里写下了《1948年的土地改革工作和整

图 1-6-7　司令部旧址（由东南向西北拍摄）

下编　重要或代表性革命旧址

图 1-6-8　司令部旧址院落（由东南向西北拍摄）

图 1-6-9　司令部旧址会议室

党工作》《新解放区农村工作的策略问题》两篇重要著作,并召开中共中央书记处扩大会议,审时度势,调整了南线战略,为三大战役的胜利奠定了坚实基础。毛泽东还亲自起草了《纪念一九四八年五一劳动节口号》,第一次具体描绘了新中国的蓝图,成为新中国成立的动员令。1972年,在晋察冀军区司令部所在地建立了城南庄革命纪念馆,2005年在此基础上改陈扩建,更名为"晋察冀边区革命纪念馆"(图1-6-7～图1-6-10)。

图1-6-10 司令部旧址北侧防空洞（由南向北拍摄）

(5)晋察冀军区司令部庙台旧址

晋察冀军区司令部庙台旧址位于阜平县史家寨乡庙台村后的山上,由黄土岗窑洞、当中沟窑洞和一个过山洞三部分组成,与边区政府家北旧址隔河相望。庙台旧址建于1943年,1944年春至1945年12月为晋察冀军区司令部、军区供给部和通讯队驻地,聂荣臻、萧克、赵尔陆等老一辈革命家曾在此办公。1946年1月至1948年5月为冀晋军区司令部驻地。

1937年11月7日,晋察冀军区在山西五台县成立,聂荣臻为司令员兼政治委员,下辖4个军分区。11月18日,晋察冀军区司令部由山西五台移驻河北阜平县城,1938年1月边区政府在阜平成立。1945年9月日本无条件投降后,为适应新的形势晋察冀边区党政军民领导机关移驻张家口市。到1946年11月,晋察冀边区共辖两省(察哈尔、热河),四区(冀晋、冀中、冀东、冀热察),一市(张家口市)。1946年10月,国民党军侵占了张家口,晋察冀边区党政军民领导机关又撤回到老根据地阜平一带。从1938年至1948年间,晋察冀边区政府及军区司令部虽有辗转,但绝大部分时间生活战斗在阜平县,开创了以阜平为中心的晋察冀抗日根据地(图1-6-11、图1-6-11)。

图 1-6-11 庙台旧址(由东南向西北拍摄)

图 1-6-12　庙台旧址军区通讯队旧址（由东向西拍摄）

晋察冀抗日根据地是我党我军创建的第一块敌后抗日根据地，被毛泽东同志亲笔授予"模范抗日根据地"的光荣称号。边区行政委员会是敌后根据地中唯一得到国民政府行政院和军事委员会正式承认的边区政府。晋察冀抗日根据地的创立和发展，打开了华北抗战的新局面，对敌后其他抗日根据地的建立和敌后抗日战场的形成起了促进作用。晋察冀边区政府落实了"三三制"原则，在敌后华北最早创建了中国共产党领导下的抗日民族统一战线的民主政权。同时经过自上而下、自下而上的民主改造，建立了比较完备的政治、经济、文化、教育、卫生、司法等政策法令系统，成为建立新民主主义中国的一个良好的模型。晋察冀边区政府及军区司令部旧址是中国共产党光辉历程的见证，是中国共产党领导下全民抗战的历史见证，是进行革命传统教育和爱国主义教育的重要基地。

晋察冀边区政府及军区司令部旧址为第四批全国重点文物保护单位，城南庄晋察冀军区司令部旧址被公布为全国爱国主义教育示范基地，晋察冀边区革命纪念馆被公布为第二批国家级抗战纪念设施、遗址。

7. 八路军一二九师司令部旧址

八路军一二九师司令部旧址位于涉县赤岸村，由下院、上院、后院三个四合院及一个防空洞组成。1940年以前，一二九师司令部下院为赤岸村的共产房，是节庆日进行集会、请神、唱戏等活动的场所；上院和后院为民居。1940年6月，一二九师司令部、政治部从辽县桐峪镇迁到涉县王堡村，12月底，司令部迁往赤岸，政治部仍留驻王堡。刘伯承、邓小平、李达、李雪峰等曾长期在这里居住、办公，至抗战胜利前一直为一二九师军区所在地。

图 1-7-1　八路军一二九师司令部旧址全景（由东南向西北拍摄）

图 1-7-2　八路军一二九师司令部旧址下院院落（由南向北拍摄）

　　一二九师全称国民革命军第八路军第一二九师，是抗日战争时期中国共产党领导的三个主力师之一。1937年8月，中国工农红军第四方面军第四、第三十一军，陕北红军第二十九、第三十军和独立第一团至第四团以及第十五军团的骑兵团等合编组成八路军第一二九师。刘伯承任师长，徐向前任副师长，倪志亮任参谋长，张浩任政训处主任（10月改任政治委员）。下辖第三八五、第三八六旅及教导团和特务工兵、炮兵、辎重、骑兵营等。1943年2月，八路军第三纵队警备旅划归第一二九师建制。1945年8月，根据中央决定，八路军第一二九师并入晋冀鲁豫军区。

　　八路军一二九师司令部旧址为第四批全国重点文物保护单位、国家二级博物馆、第一批全国爱国主义教育示范基地。涉县八路军一二九师纪念馆为国家级抗战纪念设施遗址（图1-7-1～图1-7-6）。

图 1-7-3　八路军一二九师司令部旧址刘伯承办公室（由东北向西南拍摄）

图 1-7-4　八路军一二九师司令部旧址会议室室内情况（2020 年 7 月 4 日拍摄）

图 1-7-5　八路军一二九师司令部旧址后院（由西南向东北拍摄）

图 1-7-6　八路军一二九师司令部旧址邓小平宿办室（由西向东拍摄）

8. 晋冀鲁豫边区政府旧址

　　晋冀鲁豫边区政府旧址位于涉县城西北75公里的索堡镇弹音村，由边区政府办公室旧址、高等法院旧址、大小食堂旧址、府仓院旧址和杨秀峰旧居、戎伍胜旧居、教育厅厅长旧居等8处院落组成。1942年2月，晋冀鲁豫边区政府迁到弹音村，杨秀峰、戎伍胜等领导同志在此居住达3年之久。边区政府旧址办公室，坐北朝南，占地面积759平方米，由正房、戏台、西屋等建筑组成。

　　晋冀鲁豫边区政府前身为"冀南、太行、太岳行政联合办事处"，是抗日战争时期中国共产党在晋冀鲁豫边区设立的抗日民主政权机关。1941年9月，晋冀鲁豫边区政府在涉县靳家会村宣告成立，杨秀峰任边区政府主席，薄一波、戎子和任副主席，浦化人任高等法院院长。杨秀峰、薄一波等16人为委员，其中共产党员六人，杜润生、刘雨辰等为候

图 1-8-1　边区政府旧址办公室（由西北向东南拍摄）

图1-8-2 边区政府旧址办公室（由南向北拍摄）

补委员。边区政府下设冀南、太行、太岳、冀鲁豫四个行政区，21个专署，计149个县。1942年2月，从涉县靳家会村迁至弹音村，1945年迁往涉县下温村，同年12月迁至武安县下柏树龙泉村。1945年3月，晋冀鲁豫边区第一届参议会选举产生第二届边区政府，杨秀峰、薄一波、戎子和、刘伯承等49人当选为委员，崔东府、王林、赵金石等11人为候补委员。1946年1月，晋冀鲁豫第二届边区政府召开第二次全体委员会议，增选华南毅、谭英明、石惠轩为委员。同月，边区政府移至河北省武安县。4月晋冀鲁豫边区政府所属机关迁驻邯郸市。1948年6月晋冀鲁豫边区政府与晋察冀边区政府联合办公，9月华北人民政府成立，晋冀鲁豫边区政府宣布撤销。

晋冀鲁豫边区政府旧址为第七批全国重点文物保护单位（图1-8-1～图1-8-4）。

图 1-8-3　边区政府旧址办公室院落（由东南向西北拍摄）

图 1-8-4　边区政府旧址办公室内部展览（2020 年 7 月 5 日拍摄）

9．冉庄地道战遗址

冉庄地道战遗址位于河北省保定市西南30公里处清水河北岸，现行政区划隶属于保定市清苑区，是抗日战争时期，中国共产党领导下的华北抗日主战场上一处重要的战争遗址。1937年七七事变后，日本侵略军的铁蹄踏进华北，冉庄人民为保护自己，抗御外侮，开始挖地洞，逐步由单口洞发展成为双口洞、多口洞和地道。1942年，日寇采用"铁壁合围""纵横梳篦"的清剿战术，对无险可守的冀中平原实行"烧光、杀光、抢光"三光政策，即惨绝人寰的"五一"大扫荡。并有计划地建据点、修公路、挖封锁沟，进行细碎分割，妄图扑灭抗日烽火。仅冉庄周

图 1-9-1　冉庄地道战遗址（由西南向东北拍摄）

图 1-9-2　冉庄街道（由东南向西北拍摄）

围9公里，就有炮楼15座，公路4条，形成"抬头见岗楼，迈步登公路，无村不戴孝，处处起狼烟"的悲惨景象。为了保存革命力量，有效地打击敌人，冉庄人民在中国共产党的领导下开展地道战，在战斗过程中地洞洞深根据斗争需要逐步延长，最后挖成户户相连，村村相通，上下呼应，能进能退，长达32华里的地道网。地道一般宽0.7~0.8米，高约1~1.5米，上距地面2米多。以该村十字街为中心，有东、西、南、北四条主要干线，另有南北支线13条、东西支线11条和通往外村的联村地道4条。设有墙壁、地面、牲口槽、炕面、锅台、面柜等各种构思巧妙的地道口。筑有碾盘、地堡、柜台、烧饼炉、石头堡、高房工事、庙宇工事等战斗工事，这些暗室、隐蔽枪眼、水井等都与地道相通，构成一个立体火力交叉阵地。地道内有指挥部、休息室、储粮室、兵工厂、囚笼、陷阱、厨房、厕所和掩体等，形成了能打能藏、可攻可守、进退自如的地下长城。保定市城市工作部，中共清苑县委、县政府都曾驻冉庄办公；清苑县大队、第四区区小队多次与冉庄民兵密切配合作战，清苑县人民武装委员会长期驻冉庄临阵指挥。

图 1-9-3　青神庙（由东向西拍摄）

图 1-9-4　街边工事（由东南向西北拍摄）

冉庄民兵利用地道优势，在抗日战争和解放战争中，配合武工队、野战军对敌作战157次，歼敌2100余名，曾荣获"地道战模范村"称号。有力推动了冀中的抗日斗争，为抗击法西斯侵略，为中国人民的解放事业做出了卓越贡献，谱写了永不磨灭、辉煌壮丽的历史篇章。新中国成立后，聂荣臻、杨成武、吕正操、张爱萍、孙毅等革命前辈和党政领导人先后为冉庄地道战遗址和纪念馆题词。众多爱国主义题材影视剧、纪录片都曾在此拍摄，如《地道战》《烈火金刚》《敌后武工队》《平原游击队》《模范边区晋察冀》《平原诗篇》《走进冉庄——地道战景区》等。冉庄地道战纪念馆1959年建馆，2010年9月新馆建成开放。

冉庄地道战遗址为全国首批重点文物保护单位、全国爱国主义教育示范基地、全国首批国防教育示范基地、全国第一批抗战纪念设施、遗址（图1-9-1～图1-9-7）。

图 1-9-5　街边标语

图 1-9-6　地道

图 1-9-7　纪念馆

123

10．左权将军墓

左权将军墓位于河北省邯郸市晋冀鲁豫烈士陵园，墓区坐北朝南，占地面积约2800余平方米。左权将军墓坐落于长方形台基之上，砖石结构，墓体南侧镌刻左权将军头像；南侧为纪念碑楼，横楣刻有谢觉哉题词"人民共仰"，楼内正中汉白玉碑正面为周恩来总理所题"左权将军之墓"，背面为周总理1942年6月撰写的《左权同志精神不死》悼文节录，东侧为朱德总司令"吊左权将军"诗碑，西侧为彭德怀副总司令撰写的碑志；东西两侧分别为杨裕民、何云、张衡宇、高捷成、赖勤夫妇、陈光华烈士的六座圆形烈士墓；墓区对面建有左权将军纪念馆。

图1-10-1 左权将军墓（由西南向东北拍摄）

图 1-10-2　左权将军墓（由东南向西北拍摄）

　　左权原名纪权，号叔仁，字自林，1905年3月15日出生，湖南醴陵人，1925年1月加入中国共产党。同年12月赴苏联学习。1930年回国后到中央苏区工作，先后任中国工农红军学校第1分校教育长、新12军军长、红5军团15军军长兼政委、中革军委一局局长、红1军团参谋长等职，参加了中央苏区历次反"围剿"作战。1934年10月参加长征，并参与指挥强渡大渡河、攻打腊子口，以及直罗镇、东征等著名战役战斗。1936年5月任红1军团代理军团长。抗日战争全面爆发后，担任八路军副参谋长、八路军前方总部参谋长，协助朱德、彭德怀指挥八路军开赴华北抗日前线，开展敌后游击战争，粉碎日军多次残酷"扫荡"，威震敌后。1940

年秋,协助彭德怀指挥著名的百团大战。1941年11月指挥八路军总部特务团进行黄崖洞保卫战,经8昼夜激战,以较小的代价歼敌千余人,被中央军委称为"'反扫荡'的模范战斗"。从1939年至1941年,他撰写了《论坚持华北抗战》等文章,总结敌后抗战经验。1942年5月,日军对太行抗日根据地进行"铁壁合围"大"扫荡"。25日,他在山西省辽县麻田附近指挥部队突围转移时,在十字岭战斗中牺牲,时年37岁。同年10月10日公葬于涉县石门村山麓,1950年10月20日移葬于晋冀鲁豫烈士陵园。左权是抗日战争时期牺牲的八路军最高将领,毛泽东在延安公祭时题词"为左权同志报仇,为千千万万在抗日战场上牺牲的烈士报仇"。周恩来在电报中说"全国军界人士莫不一致认为他的死,对抗日战争是不可弥补的损失"。

左权将军墓为第八批全国重点文物保护单位(图1-10-1~图1-10-3)。

图1-10-3 《左权同志碑志》碑(民国三十一年)(由东向西拍摄)

11. 晋察冀军区司令部旧址

晋察冀军区司令部旧址位于张家口市桥东区宣化路62号，市六中学校院内，原为始建于1914年法国盐商别墅，建筑群以"品"字形排列的3座小楼组成，砖木结构，四坡顶式，法国建筑风格，总占地面积6000平方米。1945年8月至1946年10月，曾作为晋察冀军区司令部所在地，是聂荣臻、萧克、罗瑞卿、贺龙等老一辈无产阶级革命家在晋察冀边区开展革命活动的重要场所，周恩来、叶剑英曾到此视察。

八路军晋察冀军区是抗日战争时期中国共产党统一领导与指挥晋察冀地区所属人民武装力量作战和建设的军事机构。1937年11月7日晋察冀

图 1-11-1　晋察冀军区司令部旧址全景（由西向东拍摄）

图 1-11-2　西楼（由西向东拍摄）

军区成立，聂荣臻任司令员兼政治委员，11月18日，晋察冀军区机关由五台移驻河北阜平县城，1945年8月，日本投降，察哈尔省会张家口市解放，9月晋察冀分局和军区机关迁往张家口，经三个多月反攻作战，收复70余座县城，形成以张家口为中心的晋察冀绥热辽战略基地。1946年国民党发动全面内战，晋察冀军区进行张家口保卫战后，根据"以歼灭敌有生力量为主，不以保守个别地方为主"的原则，经中央同意，主动撤出张家口。1947年军区部队调整，取得正太、青沧、大清河北、清风店等战役胜利。1947年11月石家庄解放，冀察冀、晋冀鲁豫两大解放区连成一片。1948年5月，原八路军晋察冀军区地方部队并入华北军区，晋察冀军区番号撤销。

晋察冀军区司令部旧址为第七批全国重点文物保护单位、河北省爱国主义教育基地（图1-11-1～图1-11-4）。

图 1-11-3　北楼（由东南向西北拍摄）

图 1-11-4　南楼（由北向南拍摄）

12．察哈尔民主政府旧址

　　察哈尔民主政府旧址位于张家口市宣化区牌楼西街，为一组三进四合院。占地面积6757平方米，建筑面积2881平方米。察哈尔民主政府旧址原为宣化天主教会所属的若瑟总修院，始建于清光绪三十年（1904年），扩建于1930年，整个建筑群为一组三进四合院，单体建筑16座，现存房屋120间，门、窗、柱等装饰带有典型的欧洲建筑风格。

　　察哈尔地区的行政区划随着历史变迁多有变化。清代为蒙古族察哈尔部的游牧地，清乾隆二十六年（1761年）设立察哈尔都统。民国三年（1914年）设察哈尔特别区。民国十七年（1928年）国民政府将察哈尔特别行政区改为察哈尔省，成为省级行政区划，1938年至1945年为日伪蒙疆政府统治。1945年8月，冀察军区、平北军分区的八路军解放了原察哈尔省省会、日伪蒙疆政府首都张家口，张家口成为中国共产党领导的八路军解放的全国第一个省会城市，晋察冀边区政府由阜平迁往张家口市，建立全国第一个行政省人民民主政府——察哈尔民主政府。中

图 1-12-1　察哈尔民主政府旧址全景（由南向北拍摄）

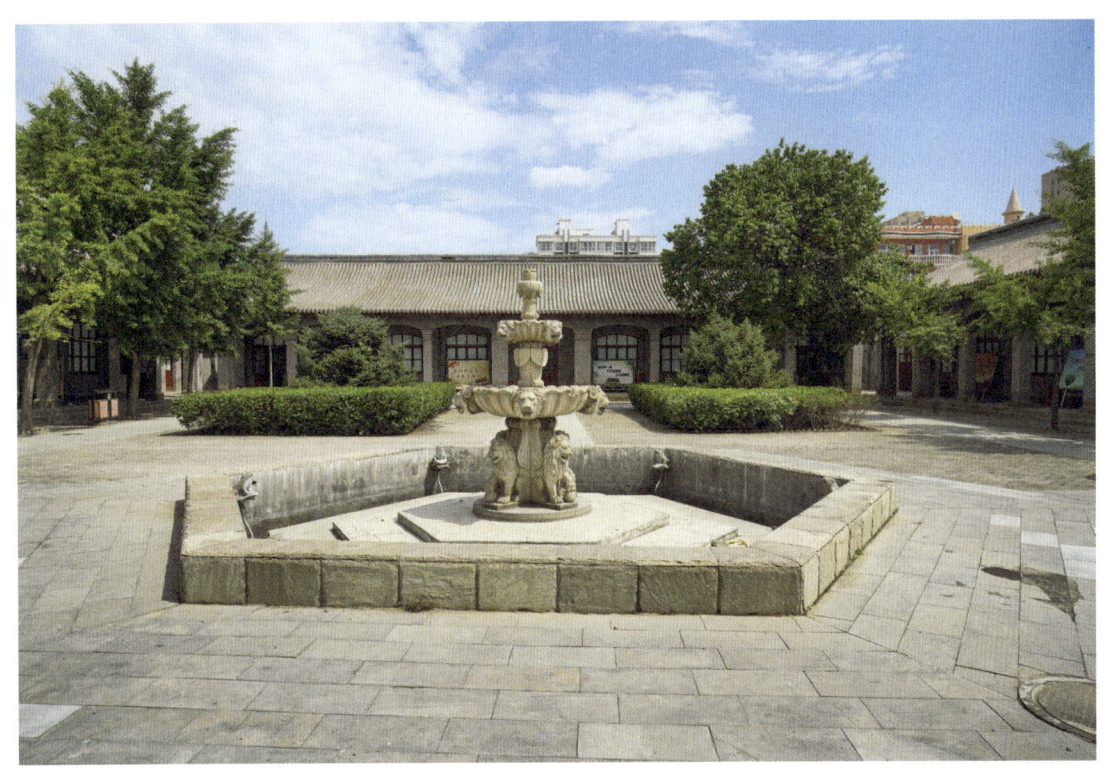

图 1-12-2 察哈尔民主政府旧址一进院（由南向北拍摄）

图 1-12-3 察哈尔民主政府旧址二进院（由南向北拍摄）

华人民共和国成立后,省级行政区调整,1952年撤销察哈尔省,其行政区域分别划入山西、河北两省及内蒙古自治区。察哈尔民主政府旧址保存完整,是我们党第一个省级民主政府成立的地方,具有重要的历史价值,旧址现为张家口市宣化博物馆,是进行党史学习教育及革命传统教育的重要场馆。

察哈尔民主政府旧址为第七批全国重点文物保护单位、河北省爱国主义教育基地(图1-12-1～图1-12-5)。

图 1-12-4 察哈尔民主政府旧址一进院展览

图 1-12-5 察哈尔民主政府旧址二进院展览

13．中共晋冀鲁豫中央局和军区旧址

中共晋冀鲁豫中央局、晋冀鲁豫军区旧址位于武安市冶陶镇冶陶村。旧址包括中央局旧址、军区司令部旧址、领导人旧居、华北财经会议会址、华北财经办事处旧址、土地会议会址、南征会议会址、防空洞17座、地道300余米。解放战争时期，1946年10月至1948年4月，中共晋冀鲁豫中央局、晋冀鲁豫军区曾驻此地，刘伯承、邓小平、董必武、薄一波等老一辈革命家曾经战斗和生活在这里，中央局下属各单位分别驻冶陶附近各村，"土地会议""华北财经会议""大军南下挺进大别山会议"在此召开。

图 1-13-1　中共晋冀鲁豫中央局旧址全景（由南向北拍摄）

图 1-13-2　晋冀鲁豫军区司令部旧址全景（由东南向西北拍摄）

中共晋冀鲁豫中央局旧址始建于1931～1932年，原为学校。晋冀鲁豫军区司令部旧址建于1920年左右，为一典型四合院建筑。刘伯承、邓小平、李达旧居位于中央局大院东200米左右，建于1932年，原为武安县伪县长宅。薄一波旧居位于军区司令部东约5米，建于1930年左右，为该村民宅。徐向前、王宏坤旧居位于刘伯承、邓小平、李达旧居东10米，建于1930年左右，为一四合院建筑。滕代远旧居建于1930～1935年左右，为一四合院建筑。华北财经会议会址为普通民房，建于1930年左右。华北财经会议伙房旧址位于会址西2米，始建于明代晚期，为一会馆建筑。华北财经办事处旧址位于冶陶镇冶陶村"黄家巷"，建于1914～1916年，为一民宅。土地会议会址位于村东，刘邓大军南征会议会址位于冶陶村北普光寺，现已不存。

中共晋冀鲁豫中央局是解放战争时期，代表中共中央领导晋冀鲁豫地区工作的机关。1945年8月，根据中央书记处会议决定组建，邓小平任书记，薄一波任副书记。机关驻河北邯郸，又称邯郸中央局，后机关移驻涉县冶陶镇。主要领导晋冀鲁豫解放区党的组织和各项工作。1945年11月中旬，晋冀鲁豫中央局召开第一次全体（扩大）会议确定全区各级领导机构和军区、军分区的组织，并根据党的第七次全国代表大会关于军队中恢复党委制的决定，确定首先在纵队、旅建立党的委员会。晋冀鲁豫中央局先后领导太行、太岳、冀南、冀鲁豫区党委和邯郸市委、豫皖苏边区党委、中共太岳兵团前委等。1948年5月，中共晋冀鲁豫中央局与晋察冀中央局合并，成立中共中央华北局。

解放战争时期，中央军委统一领导晋冀鲁豫地区武装力量的军事机构。1945年8月，根据中央军委命令，八路军太行、太岳、冀南、冀鲁豫四个军区合编为晋冀鲁豫军区，归晋冀鲁豫中央局领导。刘伯承任司令员，邓小平任政治委员，滕代远、王宏坤任副司令员，薄一波、张际春任副政治委员，张际春兼任政治部主任，李达任参谋长。下辖太行、太岳、冀南、冀鲁豫四个军区。10月，晋冀鲁豫军区所辖各军区主力部队先后组成第一、第二、第三、第四、第六、第七纵队。11月，第一纵队奉中央军委命令向东北开进，因途中情况变化留编晋察冀军区。同月，国民党新八军在邯郸起义，组成民主建国军，归晋冀鲁豫军区指挥。

图 1-13-3　刘伯承、邓小平、李达旧居（由南向北拍摄）

1946年5月，国民党第三十八军第五十五师在巩县起义，后与在此之前起义的第十七师会合，组成西北民主联军第三十八军，列入晋冀鲁豫军区建制。12月，豫皖苏军区成立并列入晋冀鲁豫军区建制。1948年5月，豫皖苏军区隶属中原军区。同月，八路军晋冀鲁豫军区编入晋冀鲁豫野战军建制。

中共晋冀鲁豫中央局和军区旧址为第六批全国重点文物保护单位、河北省爱国主义教育示范基地（图1-13-1～图1-13-5）。

图1-13-4 徐向前、王宏坤旧居（由东向西拍摄）

图1-13-5 滕代远旧居（由南向北拍摄）

14. 西柏坡中共中央旧址

　　西柏坡中共中央旧址位于石家庄市平山县中部西柏坡村,是解放战争时期中央工委、中共中央和解放军总部所在地。旧址占地面积16440平方米,包括毛泽东旧居、刘少奇旧居、周恩来旧居、朱德旧居、任弼时旧居、董必武旧居、中国共产党七届二中全会会址、九月会议会址、军委作战室、中央机要室等13处旧址和防空洞,建筑为当地砖木结构民居。西柏坡中共中央旧址为1958年因修建岗南水库由原址向北搬迁约500米至现址。

　　1947年5月,刘少奇、朱德、董必武等组成的中央工作委员会由陕

图 1-14-1　西柏坡中共中央旧址全景(由西北向东南拍摄)

图 1-14-2 九月会议会址（由东向西拍摄）

图 1-14-3 七届二中全会会址（由东南向西北拍摄）

北来到西柏坡，同年7月至9月，中央工作委员会在西柏坡召开全国土地会议，会后发布了《中共中央关于公布〈中国土地法大纲〉的决议》和《中国土地法大纲》，规定废除封建剥削土地制度，实行耕者有其田。1948年3月20日，中共中央做出向华北转移同中央工作委员会合并的决定，5月1日，中共中央、中国人民解放军总部开始在西柏坡办公，5月26日，毛泽东离开阜平县花山村到达西柏坡，从此时起到1949年3月，西柏坡成为中国革命的领导中心。1948年在西柏坡召开的"中央九月会

图 1-14-4　七届二中全会会址

议"，做出了人民解放军同国民党军队进行战略决战的重大决策，为夺取新民主主义革命在全国的胜利勾勒了蓝图。按照这次会议精神，1948年9月～1949年1月，中共中央在西柏坡指挥了辽沈战役、淮海战役、平津战役等重大战役，赢得了解放战争的决定性胜利。1949年3月5日至13日，中国共产党第七届中央委员会第二次全体会议在西柏坡召开，全会讨论了中国革命在全国胜利的局面下，党的工作重心由农村转到城市，以生产建设为中心的问题，并向全党提出"两个务必"的要求，为我国社会主义革命和建设指明了道路。

西柏坡是中国共产党和中国人民解放军解放全中国的最后一个农村指挥所，中国共产党在这里带领人民打碎了一个旧世界，创立了一个新世界，使中国社会的历史进程实现了从战争到和平、从革命到建设、从农村到城市的伟大转折。中国共产党在西柏坡时期的伟大革命实践，孕育形成了以"两个务必"为核心的西柏坡精神，成为党和人民宝贵的精神财富。

西柏坡中共中央旧址为第二批全国重点文物保护单位、全国爱国主义教育示范基地、国家一级博物馆、首批国家国防教育示范基地，2020年5月，入选中华民族文化基因库（一期）红色基因库首批试点单位（图1-14-1~图1-14-12）。

图1-14-5 中央机要室（由东向西拍摄）

图1-14-6 中央军委作战室（由南向北拍摄）

图1-14-7 中央档案组旧址（由东南向西北拍摄）

图1-14-8 新华通讯社室内

下编　重要或代表性革命旧址

图 1-14-9　毛泽东同志旧居（由西向东拍摄）

图 1-14-10　毛泽东同志旧居

141

图 1-14-11　朱德同志旧居（由南向北拍摄）

图 1-14-12　北侧的防空洞洞口（由北向南拍摄）

15. 中国人民银行总行旧址

中国人民银行总行旧址位于石家庄市中华北大街55号，占地面积3018平方米。建筑平面呈"凹"字形砖混结构，主体二层，正面中部为三层，建筑面积1568平方米。该建筑始建于1940年，为日伪政府建设总署建造，作为该署石门河渠工程处办公楼。1945年日本投降以后，这里成为国民党先遣军司令侯如墉的司令部，老百姓称"侯子固大院"。1947年成为国民党石家庄行政公署公路局所在地，同年11月，石家庄解放后曾作为首届石家庄市委办公驻地，后移交给晋察冀边区银行使用。1948年4月，冀南银行总行迁至此楼，与晋察冀边区银行总行合署办公，同年7月22日，两行合并，改为华北银行总行，仍在此楼办公。

1948年12月1日，中国人民银行在此宣告成立，并发行了我国第一套人民币，对于统一各解放区货币、促进人民解放战争的全面胜利以及建国初期国民经济的稳定发展起到了极其重要的作用。它标志着中国统一的、独立自主的、基本稳定的社会主义货币信用体系的建立，在中国金融史、货币史上具有划时代的意义。2009年，建筑经维修后作为中国人

图 1-15-1　中国人民银行总行旧址全景（由西向东拍摄）

143

图 1-15-2　中国人民银行总行旧址后院（由东北向西南拍摄）

民银行成立旧址纪念馆暨河北钱币博物馆向社会免费开放。

中国人民银行总行旧址为第七批全国重点文物保护单位、河北省爱国主义教育基地（图1-15-1～图1-15-4）。

图 1-15-3　中国人民银行总行旧址

图 1-15-4　中国人民银行创始人董必武与南汉宸雕像（由西向东）

贰 省级文物保护单位

1. 韩文公祠

韩文公祠位于秦皇岛市昌黎县城北五峰山中，是为纪念唐代文学家、哲学家韩愈（768~824年）而修建，占地面积约1800平方米。

韩文公祠是中国共产主义运动革命先驱、中国共产党创始人之一李大钊同志进行重要革命实践活动的地方。1919年，他在这里撰写了《我的马克思主义观》《再论问题与主义》两篇宣传马克思学说的重要论著，还在这里写下了许多赞美昌黎名胜古迹和风土人情的游记、散文、诗歌及书信，如《五峰山游记》《山中即景》等。1924年，李大钊同志到此躲避北洋军阀的追捕，并由此启程到苏联参加了共产国际第五次代表大会。韩文公祠是缅怀革命先驱、弘扬爱国主义精神和进行革命传统教育的重要场所。

韩文公祠为河北省第四批省级文物保护单位、河北省爱国主义教育基地（图2-1-1~图2-1-4）。

图 2-1-1 韩文公祠全景（由西南向东北拍摄）

图 2-1-2 李大钊山居处（由西南向东北拍摄）

下编　重要或代表性革命旧址

图 2-1-3　展陈室

图 2-1-4　山下雕塑

147

2．江浩故居

　　江浩故居位于唐山市玉田县散水头镇北刘家桥村，为一处清代民居建筑。院落坐北朝南，青砖布瓦，四合院布局，包括大门、正房和东、西厢房。大门为垂花门楼，正房五间，厢房各三间，是中国共产党早期党员和革命活动家江浩生前的居住之所。

　　江浩（1880~1931），原名江文浩，字注源，后改名为江浩，唐山玉田人。1908年东渡日本留学，在东京加入了中国同盟会，追随孙中山从事民主革命活动。1910年回国，在遵化省立第五中学任学监期间，积极向学生传播反清思想，秘密组织反清活动。武昌起义后，与李锡九

图 2-2-1　江浩故居全景（由南向北拍摄）

图 2-2-2　院落（由南向北拍摄）　　　　　　　　　　　　　　图 2-2-3　正房展陈

等人在天津成立了同盟会北方支部，先后策动了滦州起义、天津起义。1913年，当选中华民国临时政府国会参议院候补议员，1916年晋升为议员。1918年，江浩追随孙中山南下广东参加护法运动。1920年底，江浩在北京结识李大钊并加入北京共产主义小组，成为中国共产党的早期党员。入党后，江浩利用国会议员身份积极从事革命活动。国共合作后，江浩担任天津地委主要领导工作，在加强党团组织建设方面做出突出贡献。1927年4月21日，江浩和毛泽东、宋庆龄等40人联名发出通电声讨蒋介石在上海发动的反革命政变。1927年8月1日南昌起义，江浩和周恩来等25人当选为革命委员会委员，并与毛泽东、宋庆龄等人联名发表《中央委员会宣言》，痛斥蒋介石、汪精卫叛变革命的行为。1931年病逝于海参崴。在长期的革命斗争中，江浩同志不屈不挠，鞠躬尽瘁，为中国革命事业做出了重要贡献。毛泽东曾称赞江浩同志"是一位像松柏那样长青的革命元老"。

江浩故居为河北省第三批省级文物保护单位（图2-2-1～图2-2-3）。

3. 察哈尔农民协会旧址

察哈尔农民协会旧址位于张家口市桥西区东窑子镇东湾子村北林场内。旧址为三合院式建筑群，北房5间，东西厢房各7间，砖木建筑，坐北朝南，建筑面积354平方米，占地面积1277平方米。现有建筑是1985年在原协会旧址的基础上扩建而成的纪念馆，馆内布置张家口革命斗争史图片陈列展。

图 2-3-1　察哈尔农民协会旧址全景（由东南向西北拍摄）

图 2-3-2　正房（由南向北拍摄，2021 年 7 月 29 日） 　　　　图 2-3-3　室内展陈（由西北向东南拍摄）

　　1924年1月至1927年7月是第一次国内革命战争时期。在此期间，中国人民在中国共产党领导下反对帝国主义、北洋军阀。经过二七惨案，中国共产党认识到，仅仅依靠工人阶级的力量是不够的，只有团结一切可以团结的力量，才可能把中国革命引向胜利。1924年下半年，随着京绥铁路张家口工人运动的蓬勃发展，张家口共产党组织逐渐壮大，张家口近郊农村中也有了党的活动。1925年秋中共张家口地委在此成立了察哈尔农民协会，开办农民运动培训班，发展培训中共党员，开展革命活动。该协会旧址是第一次国内革命战争时期中国共产党在北方开展农民运动重要地点之一，也是张家口地区中国共产党的早期创始人何孟雄、王仲一、肖三等从事革命活动的地方。

　　察哈尔农民协会旧址是河北省第三批省级文物保护单位（图2-3-1～图2-3-3）。

4. 蔚县西合营师范旧址

蔚县西合营师范旧址位于张家口市蔚县西合营镇红旗街西侧。1929年8月，由共产党人、时任蔚县教育局局长张苏创建，原名蔚县初级师范学校，1937年停办。1949年察南师范迁此校址，更名为察哈尔省立西合营师范学校。1953年改为河北省西合营师范学校。1984年10月更名蔚县师范学校。现属西合营初级中学。

蔚县西合营师范旧址原有各类建筑近80间，现存大门楼、会议室、教室四栋、宿舍两栋、图书馆及办公室、食堂等建筑近40间。大门楼面东，辟于东墙南部，为二层楼阁式建筑，下层面阔三间，平顶周砌花墙，西面出单步一坡水瓦顶，上层为四角攒尖顶亭，面阔进深各一间周围廊。大门楼的东立面为中西合璧式砖墙。其他建筑除图书馆七间为砖券结构外，其余会议室、办公室、教室、宿舍等均为单层卷棚布瓦顶建筑。

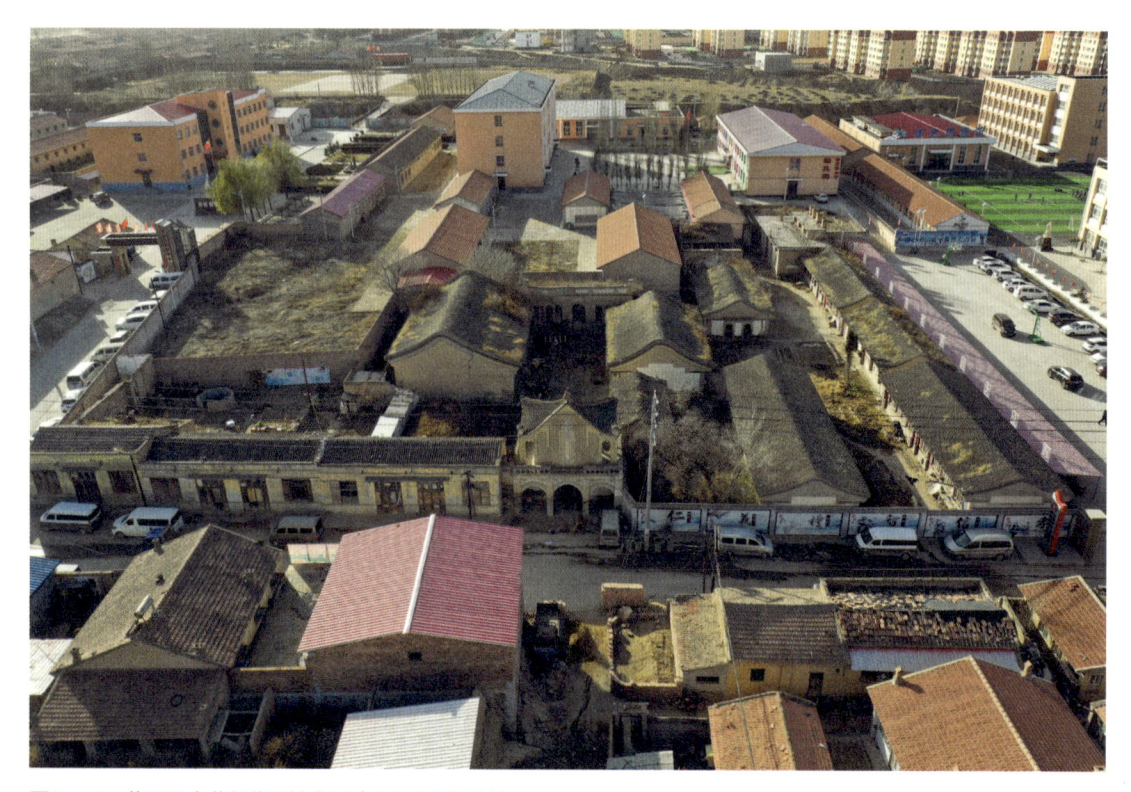

图 2-4-1　蔚县西合营师范旧址全景（由东向西拍摄）

西合营师范是蔚县第一个近代学制的师范学校,也是早期当地中国共产党开展革命活动的重要基地。学校培养出了很多的革命干部,有着"蔚县革命的熔炉"的美誉。在建校初期,张苏曾经聘请了孙铁夫、廖石生、马西园等五位进步学者来学校任教。1929年年底,学校创办了由孙铁夫主编的《洪涛》校刊宣传革命思想。廖石生组建学生军锻炼大家的体魄,进行军事训练。

张苏(1901～1988),曾用名张希贤、张若增、张伯高、张更生,张家口蔚县人。1923年8月考入北平师范大学,在北平师范大学学习期间,积极参加爱国学生运动和反对帝国主义、封建主义的革命活动。1927年1月参加中国共产主义青年团,任支部干事、书记和北京团市委委员,同年9月转为中国共产党党员。1929年1月回到蔚县,担任了蔚县教育局局长。张苏利用担任蔚县教育局长的公开身份作掩护,传播马列主义,揭露黑暗的社会制度,他是第一个在蔚县传播马列主义的人,为中共党组织在蔚县的创建奠定了思想基础,为革命事业培养和输送了人才,为察南地区党的创建和发展做出了重要贡献。抗日战争时期长期参与晋察冀边区政府的领导工作,先后担任晋察冀边区行政委员会委员、冀察区行政公署主任等职。解放战争时期先后担任察哈尔省人民政府主席、北岳区行政公署主任。

蔚县西合营师范旧址为河北省第六批省级文物保护单位(图2-4-1～图2-4-5)。

图2-4-2 门楼(由西南向东北拍摄)

图 2-4-3　会议室（由北向南拍摄）

图 2-4-4　教室（由北向南拍摄）

图 2-4-5　宿舍（由东南向西北拍摄）

5. 懋华亭

懋华亭位于石家庄市新华区宁安路河北轨道运输职业技术学院宁安路校区（原石家庄铁路运输学校）后院操场东北隅。懋华亭平面八角亭，台基直径5米，亭高9米，钢筋混凝土结构，攒尖盔帽顶，水泥抹面。柱子为八角形柱，柱顶之间各面嵌有汉白玉横额板，八角柱上刻有楹联，汉白玉横额四面分别镌刻着"懋华亭""高山仰止""继往开来""众志所成"大字，内侧镌刻着隶书《懋华亭记》，记叙了建亭的经过。亭上的文字为时任正太铁路局职工、中共地下党员陶希晋所书。

图 2-5-1　懋华亭全景（由西北向东南拍摄）

图 2-5-2 懋华亭（由北向南拍摄）

20世纪30年代初，时任正太铁路局局长王懋功、副局长朱华，依靠中共地下党员和进步青年组织开展了收回正太铁路路权、恢复工会组织、实行八小时工作制、创办正太铁路职工消费合作社、解决二七大罢工失业工人复业等活动，深得全铁路职工爱戴。1935年6月，正太铁路全体员工感念王、朱二人的爱国义举和德行善政，集资修建了这座建筑，分别取二人名字中的一字，命名为"懋华亭"。懋华亭是河北省早期工人运动的重要见证，具有较高的历史纪念价值。

懋华亭为河北省第五批省级文物保护单位（图2-5-1、图2-5-2）。

6. 喜峰口长城抗战旧址

喜峰口长城抗战旧址位于唐山市迁西县滦阳镇石梯子村，与承德市宽城县交界。喜峰口是明代长城的重要关隘，关口两侧群峰矗立、险要天成，长城依势蜿蜒，华北赖以屏障，历来是兵家必争之地。喜峰口长城抗战主要集中在喜峰口两侧长城一线。

1933年春，占领热河的日军南下进攻长城各关口，国民革命军第29军宋哲元部于3月6日奉命防守冷口至马兰峪一线的长城各口，其中包括喜峰口。3月9日喜峰口被日军先头部队占领，29军37师109旅赵登禹率

图 2-6-1 喜峰口长城抗战旧址——高山长城全景（由南向北拍摄）

图2-6-2 喜峰口长城抗战旧址（由东向西拍摄）

军驰援，黄昏时到达喜峰口前沿，与日军在喜峰口两侧高地展开激烈鏖战。11日夜，29军组成大刀队，夜袭喜峰口外日军，日军猝不及防，多被大刀砍杀。经过浴血奋战，我军杀敌数千，夺回喜峰口，赢得了长城抗战的唯一胜利。

这次胜利是九一八事变之后我军的首次胜利，打破了日军不可战胜的言论，大大鼓舞了民族士气。全国各大报纸纷纷发表社论，盛赞29军喜峰口抗战的胜利。音乐家麦新以此为题材创作了振奋人心的《大刀进行曲》，鼓舞了一代中国人舍生忘死，前仆后继，奋勇杀敌。

喜峰口长城抗战旧址为河北省第四批省级文物保护单位、全国爱国主义教育示范基地、第二批国家级抗战纪念设施、遗址（图2-6-1～图2-6-3）。

图 2-6-3 喜峰口长城抗战旧址（由西南向东北拍摄）

7. 八路军一二九师司令部、政治部旧址——政治部礼堂

　　八路军一二九师司令部、政治部旧址分别位于涉县赤岸村、王堡村。1940年6月，一二九师司令部、政治部从辽县桐峪镇迁到涉县常乐村，12月底，司令部迁往赤岸村，政治部迁驻王堡村，1945年12月底离开涉县。进驻时，政治部主任蔡树藩，副主任黄镇。政治部礼堂是抗日战争时期一二九师指战员在太行山亲手修建的重要建筑，长17.7米，宽8.4米，是一二九师、晋冀鲁豫边区政府、太行区党委、太行军区等党

图 2-7-1　政治部礼堂旧址（由东北向西南拍摄）

图 2-7-2 政治部礼堂旧址室内情况

政军机关举行重大活动、召开大型会议的重要场所。1943年晋冀鲁豫边区整风运动在此举行,著名歌剧《白毛女》《放下你的鞭子》等剧目都曾在这里上演。村外保留着八路军一二九师政治部将士自己动手挖掘的土窑洞,用于住宿办公。一二九师政治部驻王堡村期间,政治部除做好部队思想政治工作外,还广泛参与地方建设,开展助民活动和大生产运动,修建漳南大渠,打窑洞建住房,与太行山人民共同战胜自然灾害和经济困难,增强了军民团结。

八路军一二九师司令部、政治部旧址为河北省第二批省级文物保护单位(其中八路军一二九师司令部旧址1996年经国务院公布为全国重点文物保护单位)(图2-7-1、图2-7-2)。

8. 八路军一二九师东进纵队司令部旧址

　　八路军一二九师东进纵队司令部旧址位于南宫市北大街，该旧址建于1919年，原为天津"英美烟草公司南宫华兴公烟草经销处"，有西楼两层12间，北屋抱厦5间，东屋6间，南屋4间，共27间房屋。1938年2月～1939年2月，八路军一二九师东进纵队司令部曾驻此地，是冀南地区人民抗日战争指挥中心。东进纵队在南宫期间先后在周围十余个县发展了党组织，建立政权，创办了机关报《救亡民报》，成立了冀南行政主任公署，建立了广泛的民族统一战线，培训抗日干部，先后收编和改编地方武装和抗日义勇军，粉碎了国民党河北省主席鹿钟麟与我军争夺根据地的阴谋，取得了两次反"扫荡"的重大胜利。1939年南宫县城沦陷，冀南区党政军领导机关转移到威县农村开展游击战。

　　八路军一二九师东进抗日游击纵队简称东进纵队，是抗日战争时期八路军领导的负责开辟冀南根据地的一支人民抗日军队。1937年12月，为建立敌后抗日根据地，按照党中央的战略部署，八路军一二九师抽调第七六九团四个步兵连、一个机枪连和一个骑兵连，组建东进抗日游击

图 2-8-1　八路军一二九师东进纵队司令部旧址全景（由东南向西北拍摄）

纵队，陈再道任司令员、李菁玉任政治委员。1938年7月，中央决定整编部队、改造地方武装。8月，东进纵队大部和地方武装一部分别充实到第三八六旅和第三八五旅；第七七一团与东进纵队和地方武装一部合编为新的青年抗日游击纵队；所属军分区的基干支队和收编的各县民团、保安队及游杂武装一部合编为新的东进纵队，下辖八个支队、一个独立团。同月，八路军一二九师东进抗日游击纵队参加漳南战役，后编入漳南兵团。

八路军一二九师东进纵队司令部旧址为河北省第四批省级文物保护单位、河北省爱国主义教育示范基地（图2-8-1～图2-8-3）。

图2-8-2 八路军一二九师东进纵队司令部旧址（由西南向东北拍摄）

图2-8-3 八路军一二九师东进纵队司令部旧址展陈

9. 冀鲁豫边区抗日根据地领导机关旧址

冀鲁豫边区抗日根据地领导机关旧址位于南宫市，主要有冀鲁豫边区省委旧址、冀南军区旧址、冀南行政主任公署旧址、冀南银行旧址、冀鲁豫省委党校旧址、垂杨县委办公地旧址等6处。

冀鲁豫边区省委旧址位于南宫市，始建于民国初期，现存抱厦北房3间，建筑面积80平方米，占地面积231平方米。1938年4月20日冀鲁豫边区省委在此成立，李菁玉任书记，于光汉任组织部长，马国瑞任宣传部长。1939年1月迁离。是我党在冀鲁豫边区创建根据地时最重要的领导机关之一（图2-9-1）。

冀南军区旧址位于南宫市凤岗办事处保安村，现存北房5间，建筑面积110.4平方米，占地面积395.2平方米。1938年4月27日冀南军区在此

图2-9-1　冀鲁豫边区省委旧址（由东北向西南拍摄）

图 2-9-2　冀南军区旧址正房（由南向北拍摄）

图 2-9-3　冀南行政主任公署旧址正房（由南向北拍摄）

图 2-9-4　冀南银行旧址正房（由南向北拍摄）

图 2-9-5　冀鲁豫边区省委党校旧址正房（由西南向东北拍摄）

成立。宋任穷任司令员兼政委，王宏坤任副司令员，文建武任参谋长，王光华任政治部主任，下辖5个军分区，是抗战时期主要军事指挥机关，1939年1月迁离（图2-9-2）。

冀南行政主任公署旧址位于南宫市大屯乡孙李村，现存北房5间，建筑面积92平方米，占地面积347平方米。1938年8月14日召开全区各县代表会议，决定撤销冀南军政委员会筹委会，成立冀南行政主任公署，选举杨秀峰任主任，宋任穷任副主任，1938年8月20日杨秀峰等正式宣誓就职。从此，以南宫为中心，西起平汉铁路，东抵津浦铁路，北至沧石公路，南跨漳河区域内的51个县，3万多平方公里的冀鲁豫边区抗日根据地正式形成。1939年1月迁离（图2-9-3）。

冀南银行旧址位于南宫市垂杨镇后滏泸村，现存北房4间，建筑面积96平方米，占地面积360平方米。1939年10月15日冀南银行在此成立，高捷成任行长，赖勤任经理，胡景之任副经理，同时还挂牌成立了冀南银行路东总行。冀南银行的成立，为发展边区生产、活跃经济和金融市场，安定和改善人民生活，支持长期抗战起到了重要作用（图2-9-4）。

冀鲁豫边区省委党校旧址位于南宫市凤岗办事处普济桥村，始建于清朝末期，现存北房5间，东房3间，建筑面积146平方米，占地面积437平方米。1938年，中共冀鲁豫边区省委成立后，为培养更多的党政军基层领导干部，省委以编辑部的名义，在此地开办了"冀鲁豫省委党校"，省委书记李菁玉兼党校校长，王蕴瑞任党校大队长。1938年6月迁至南宫县城（图2-9-5）。

垂杨县委旧址位于南宫市垂杨镇，现存北房3间，建筑面积56平方米，占地面积193平方米。1940年，冀南区将南宫一分为二，加上清河、枣强部分村新设垂杨县建制，3月1日垂杨县委在此成立，高志学任县委书记，何克任县长，属冀南四地委、四专署领导，管辖8个区，260个自然村，10余万人，40万亩土地。日军占领南宫县城后，垂杨县委在艰苦环境中继续工作。1944年7月撤销建制（图2-9-6）。

冀鲁豫边区抗日根据地是八路军一二九师创建的全国最大的平原抗日根据地，冀鲁豫边区抗日根据地领导机关旧址是八路军一二九师及边区政府领导冀鲁豫边区军民抗击侵华日军、反顽讨逆、不断扩大武装的战时指挥所，在抗日战争中起到了重要的作用。

冀鲁豫边区抗日根据地领导机关旧址是河北省第五批省级文物保护单位。

图2-9-6　垂杨县委旧址正房（由东南向西北拍摄）

图 2-10-1　太行行署礼堂旧址全景（由西北向东南拍摄）

10．太行行署礼堂旧址

　　太行行署礼堂旧址位于邯郸市涉县索堡镇下温村内。太行行署礼堂旧址原为19世纪的天主教堂，建筑坐南朝北，东西面阔一间，南北进深五间，砖石木结构单檐硬山布瓦顶，建筑总高9.13米，建筑面积125.37平方米，北墙辟正门，正上方阴刻"天主堂"三字。东、西两面墙体明间开门，两次、梢间开窗，门、窗顶均为拱券形。建筑外观具有宗教建筑特点，内部结构采用传统木构梁架，是河北省南部保存较为完整的西式建筑之一。抗日战争时期用作礼堂，太行行署正式成立后，改称太行行署礼堂。战争时期在此召开多次重要会议，如1940年部署百团大战；1942年召开晋冀鲁豫临时参议会二次会议；1943年召开太行分局高干会议即著名的温村会议，此次会议为晋冀鲁豫边区战胜一切困难打败日本帝国主义，指明了方向，制定了战略大政方针，为晋冀鲁豫根据地的巩固和发展起了决定性的作用；1945年春，在此召开了晋冀鲁豫边区参议会第一届第一次会议，选出边区政府主席、副主席及委员，此制度的建立，为新中国政权建设的探索和改革打下了基础，积累了经验。太行行署礼堂旧址是重要历史事件的见证地，具有重要的历史意义和革命价

图 2-10-2　太行行署礼堂旧址（由东北向西南拍摄）

图 2-10-3　太行行署礼堂旧址室内

值。此外，太行行署礼堂还是八路军从赵城县（今山西省洪洞县）广胜寺内抢救出国宝《赵城金藏》[①]后，几经辗转最后的存放地。抗日胜利后，《赵城金藏》移交北方大学保管，1949年北平解放后又移交给北平图书馆（今国家图书馆）。

太行行署礼堂旧址为河北省第六批省级文物保护单位（图2-10-1～图2-10-3）。

---

① 《赵城金藏》是我国在宋代第一部木刻版大藏经《开宝藏》的覆刻本，因其刻版于金朝时期，1933年首次被发现于山西赵城广胜寺而得名。《赵城金藏》也是新中国成立后第一个由国家拨款的大型古籍整修项目，这部珍贵的经卷现已整修完好存于中国国家图书馆，和《永乐大典》《四库全书》《敦煌遗书》被誉为国家图书馆的四大镇馆之宝。

11. 前南峪抗日军政大学旧址

　　前南峪抗日军政大学旧址位于河北省邢台市信都区浆水镇、路罗镇一带，分布范围涉及2个镇8个村，10处旧址，共由25处院83座文物建筑组成，占地面积5138平方米，文物建筑面积3836平方米。分别为：前南峪村校部旧址，浆水村政治部旧址、文工团旧址，安庄村卫生处旧址，河东村供给处旧址，南口村上干科旧址，坡子峪村上干营旧址，川林村青年连旧址、工兵连旧址，桃树坪村医院旧址。建筑多为太行山区常见的石板房，三合院或四合院式布局，部分建筑随形就势，整体错落有致。前南峪抗日军政大学旧址是目前为止全国规模最大、保存最完整的

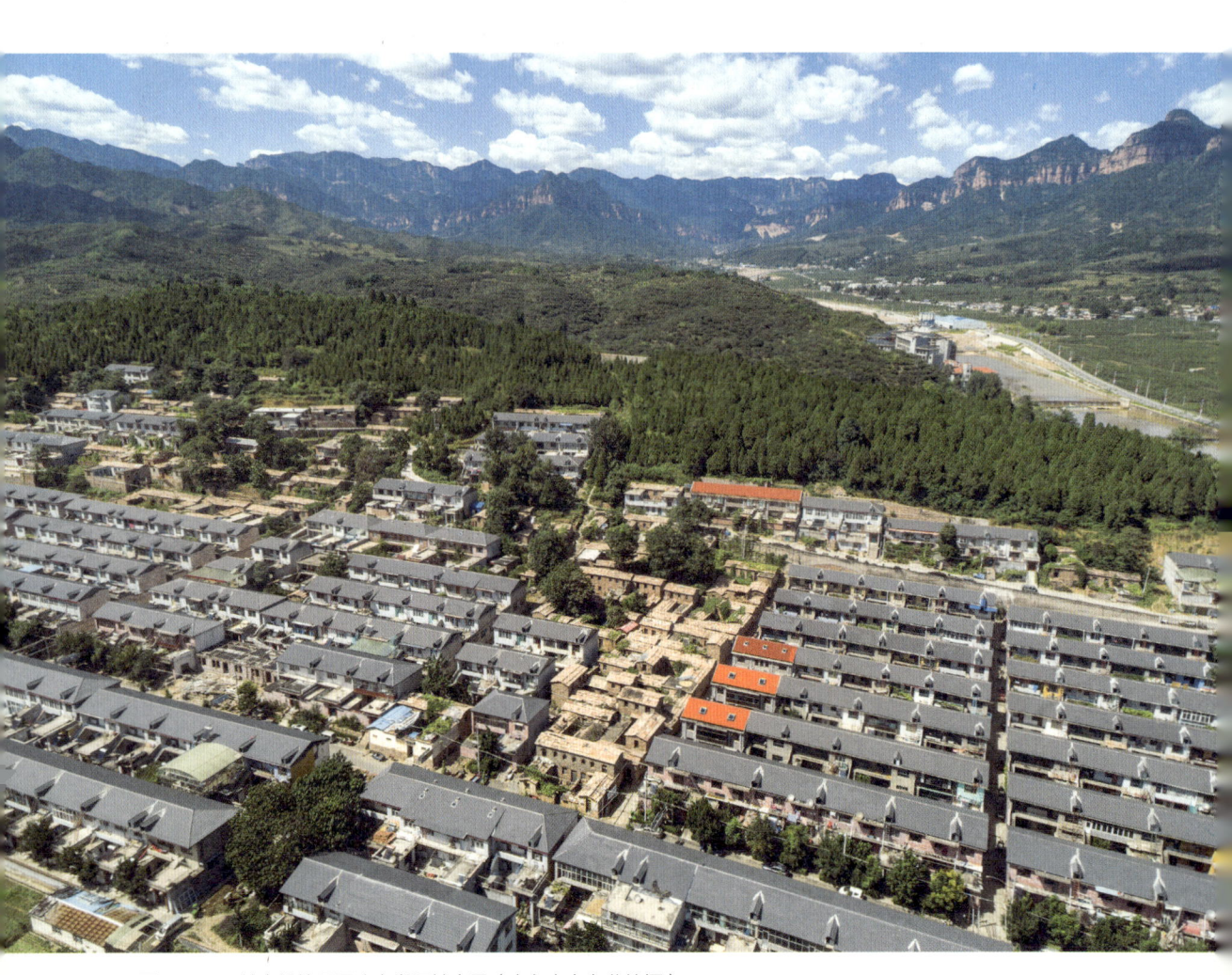

图2-11-1　前南峪抗日军政大学旧址全景（由东南向东北拍摄）

图 2-11-2　抗大青年连旧址（由东南向西北拍摄）

抗日军政大学总校旧址群。

中国人民抗日军事政治大学简称"抗大"，前身为1931年创建于江西瑞金的中国红军学校；1936年以中国工农红军学校为基础，在陕北瓦窑堡创办西北抗日红军大学（简称红大），1937年1月20日，红大随中央机关迁至延安，改称中国人民抗日军事政治大学（简称抗大）。1939年6月20日，抗大奉命深入敌后办学，延安总部组织了七个分校，抗日军政大学第六分校迁入邢台县西山，总部设在浆水镇前南峪村，政治部在浆水镇，供给处驻河东村，学员分散在附近坡子峪、宋家峪等几十个村庄驻防。当时由于战争环境艰苦，都是借用民房办校。为了严密组织，分校对外称"青纵"，校长滕代远，副校长罗瑞卿。从1940年11月到1943年1月底抗大在浆水办学两年零三个月，并在各主要根据地先后创办12所分校，1943年1月24日，为了迎接战略反攻，重返陕北绥德。1945年8月，日寇宣布投降，奉中央军委之命，何长工同志率领总校从陕北出发，挺进东北，改为东北军政大学；其他分校改办华北、华中、华东军政大学，抗大历史任务胜利完成。中国人民抗日军事政治大学由第一期到第四期，再由此分出一、二两个分校到总校，先后挺进华北敌后方的

图 2-11-3　滕代远、何长工旧居（由北向南拍摄）

第五期到第八期，直到先后在华北、华中创办共十二所分校、五所陆军中学和一所附设中学，共培养十多万名抗日干部。

　　前南峪抗日军政大学旧址为河北省第三批省级文物保护单位，中国人民抗日军事政治大学陈列馆为全国爱国主义教育示范基地（第二批）、国家二级博物馆、国家级抗战纪念设施遗址（图2-11-1～图2-11-6）。

图 2-11-4 抗大纪念碑(由西南向东北拍摄)

图 2-11-5 中国人民抗日军政大学陈列馆(由西北向东南拍摄)

图 2-11-6 中国人民抗日军政大学陈列馆内部展陈

12. 平北抗日根据地旧址

　　平北抗日根据地旧址位于以赤城县大海坨村为中心的大海坨山区，当时存有部分根据地时期的办公用房、北方医院、练兵厂、窑洞等遗存。在该纪念地的一天然巨石上，镌刻着由聂荣臻元帅于1989年题写的"平北抗日根据地纪念地"等字。2012年9月平北抗日根据地纪念馆落成。

　　平北是平承铁路以西，平绥铁路以北，长城内外的广大地区，地处北平、承德、张家口之间冀热察三省边界的三角区域，是"蒙疆""满洲""华北"三个伪政权的结合部，是"拱卫京畿、屏蔽中原、连通三北"的战略要地，1938年，抗战进入相持阶段，按照"巩固华北，发展华中"的战略部署，中共冀热察区党委和挺进军提出"巩固平西、坚持冀东、开辟平北"的决策，自1940年开始，建立起以赤城大海陀山区为中心的平北抗日根据地，并在反"扫荡"、反"蚕食"的斗争中成长、壮大，形成以赤城为中心，北至沽源、宝昌，南抵昌平、顺义，西及张家口，东接承德的广大根据地及游击区，对平西抗日根据地起了护卫和

图 2-12-1　平北抗日根据地旧址纪念碑（由南向北拍摄）

图 2-12-2 平北抗日根据地纪念馆（由西向东拍摄）

图 2-12-3 平北抗日根据地纪念馆展陈

屏障作用，成为冀东抗日根据地的交通站和战略依托点，为大反攻阶段配合苏蒙联军，解放张家口创造了条件，成为中国共产党和八路军进入东北的前哨阵地。平北抗日根据地创建于艰苦时期，根据地军民经受严峻考验，仅龙关、赤城两县就牺牲11000余人，对坚持晋察冀敌后抗战和夺取全国胜利做出了重大贡献。

平北抗日根据地旧址是河北省第四批省级文物保护单位，河北省爱国主义教育示范基地（图2-12-1～图2-12-3）。

13. 晋冀鲁豫军区西达兵工厂旧址

晋冀鲁豫军区西达兵工厂旧址，位于涉县县城东南25公里的西达村西。现存窑洞全长115米，宽2.3米，高3.75米，总面积528.5平方米。拥有3个主道、2个洞口，内分4个车间、1个俱乐部。除后洞口10米为土建外，墙壁均用青石砌成。晋冀鲁豫军区西达兵工厂全称为"晋冀鲁豫边区军政联合财经办事处军工处三工厂"，对外称"福利工厂"，当地人叫"刘伯承工厂"，因建在西达村又称"西达兵工厂"。它是为保卫抗战胜利果实，组织军火生产加强军备，以消灭来犯之敌而建，为全国解放做出了重大贡献。

西达兵工厂源于晋冀鲁豫军区兵工七厂和冀鲁豫军区兵工三厂。晋冀鲁豫军区兵工七厂由八路军总部军工部技术实验室改建而来，主要负责军工专用设备的试验和制造，1945年秋，由山西左权县迁往涉县西达村。冀鲁豫军区兵工三厂由八路军一一五师三四三旅的金山修械所发展而来。该所1939年冬成立于山东东平县大金山村、小金山村，1940年8月与冀鲁边区随军修械所合并，组成金山兵工厂。1944年8月，兵工厂所属的炮弹所迁至范县，扩建为炮弹厂，1946年4月迁往涉县西达村。两厂合并组成晋冀鲁豫军区兵工三厂，简称西达兵工三厂，也称为西达炮弹

图 2-13-1　晋冀鲁豫军区西达兵工厂旧址入口（由西南向东北拍摄）

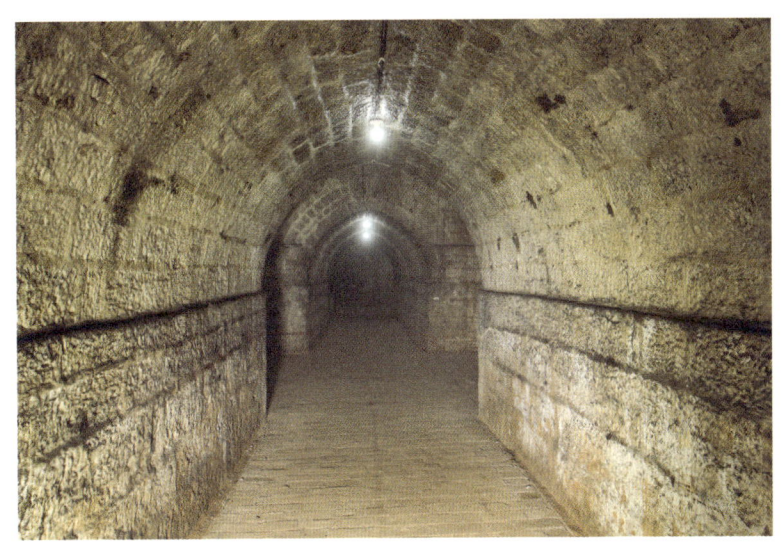

图 2-13-2 通道

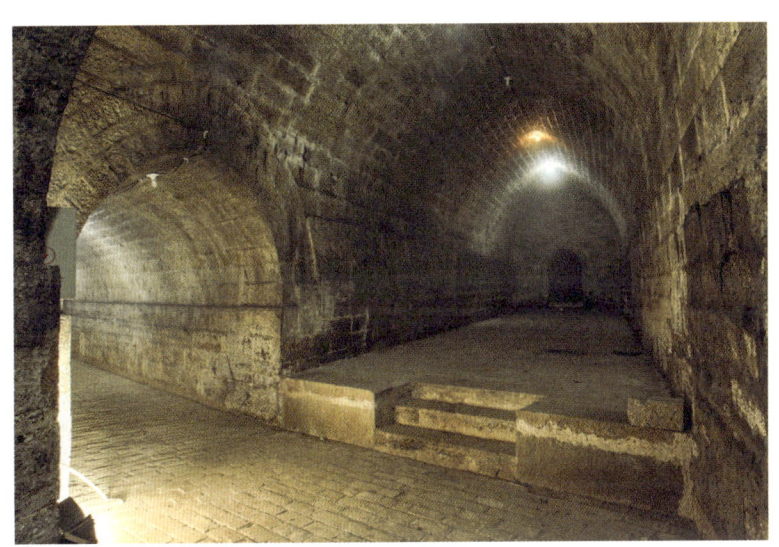

图 2-13-3 第一车间

厂。西达兵工厂主要生产75毫米山炮弹，生产中实行"企业化"管理，通过"包工制"降低生产成本，并不断改进工艺、研究技术创新，提高炮弹产量。1947年7月遭国民党飞机三次投弹轰炸，厂房及生产设施、设备被破坏，为保障炮弹供应，在该厂附近的北崖根挖掘窑洞，由地面生产转入地下生产。1948年下半年，西达兵工厂与武安和村五厂、峰峰西佐十三厂合并为"华北兵工局第三兵工厂"，总厂址仍在涉县西达镇。1949年停产，人员设备分别并入长治附城、南石槽、韩川兵工厂。

晋冀鲁豫军区西达兵工厂旧址为河北省第二批省级文物保护单位（图2-13-1～图2-13-3）。

14．洪河槽村聂荣臻指挥部旧址

洪河槽村聂荣臻指挥部旧址位于石家庄市井陉县辛庄乡洪河槽村西北部，旧址坐北朝南，砖石木结构，由正房、东配房和南房组成，占地面积约160平方米。建筑为石砌平顶砖檐，券顶门窗。现作为井陉县洪河槽百团大战纪念馆，布展开放。

1940年7月22日，八路军总部下达了"大举破袭正太铁路战役预备命令"，8月，聂荣臻率晋察冀军区前线司令部进驻洪河槽村，村民李化西将自己的住房让出作为指挥部。聂荣臻在此指挥部队，破袭攻克了正太铁路东段的铁路、车站、桥梁、隧道及敌据点。百团大战期间，聂荣臻派洪河槽民兵将在炮火中救出的两名日本小姑娘送到日本军部，将军救孤女的故事被传为佳话。

洪河槽村聂荣臻指挥部旧址见证了抗日战争时期我党政军民奋战的光辉历史，将军救孤的故事表现了我党我军将领至仁至义的博大胸襟和

图2-14-1　洪河槽村聂荣臻指挥部旧址正门（由南向北拍摄）

国际主义人文情怀，对开展爱国主义教育、革命传统教育、增进中日人民友谊、促进国际和平具有十分重要的价值。

洪河槽村聂荣臻指挥部旧址为河北省第五批省级文物保护单位、河北省爱国主义教育基地（图2-14-1～图2-14-3）。

图2-14-2　洪河槽村聂荣臻指挥部旧址院内（由北向南拍摄）

图2-14-3　洪河槽村聂荣臻指挥部旧址室内展陈

图 2-15-1　白求恩手术室旧址全景（由南向北拍摄）

15．白求恩手术室旧址

　　白求恩手术室旧址位于沧州市河间市卧佛堂镇屯庄村真武庙内，真武庙为明代建筑，坐北朝南，硬山顶，面阔一间，进深一间，1998年重新修缮并扩建，2001年开放参观。现白求恩手术室旧址总占地面积约5500平方米，包括手术室、医疗室、观察室和展览室4座主要建筑。白求恩手术室旧址西侧和南侧原排水沟在齐会战役期间进行改造，作为通往齐会主战场的交通沟，伤员从这条沟被护送到手术室进行救治，然后转移到安全地方进行疗养，这条沟成为保护伤病员的重要屏障，现保存

下编　重要或代表性革命旧址

图 2-15-2　手术室（由南向北拍摄）

图 2-15-3　消毒室（由东向西拍摄）

181

图 2-15-4 展室

基本完好。

1939年,著名的齐会歼灭战期间,白求恩大夫率医疗队随贺龙同志的一二〇师到达河间一带,临时战地手术室就设在屯庄村真武庙内。白求恩同志在这里抢救了大量伤员,体现了伟大的国际主义精神。

白求恩手术室旧址为河北省第二批省级文物保护单位、河北省爱国主义教育基地、国防教育基地(图2-15-1~图2-15-4)。

16. 邯郸起义指挥部旧址

邯郸起义指挥部旧址位于邯郸市马头镇，为临街四合院，由正房、东西厢房、前楼组成。此旧址是1945年邯郸战役中国民党第十一战区副司令长官高树勋为了反对内战、主张和平与民主，将指挥部移至马头镇宣布起义的所在地，也是高树勋与中共地下党组织商谈起义事宜的秘密场所。

邯郸战役又称平汉战役，是解放战争初期国民党挑起内战，公然向解放区进攻的一次大战役。1945年9月，国民党孙连仲部沿平汉铁路进犯晋冀鲁豫解放区。我太行、冀南、晋冀鲁豫军区主力在刘伯承、邓小平指挥下，在平汉路东侧的磁县、临漳、成安、邯郸县等地向国民党军发起总攻。1945年10月30日，国民党第十一战区副司令长官高树勋率新八军第二十九师、新编第六师共1万余人在河北邯郸马头镇宣布起义。11月10日，起义部队改编为民主建国军，高树勋任总司令，并通电全国，

图 2-16-1 邯郸起义指挥部旧址前楼（由南向北拍摄）

图 2-16-2 邯郸起义指挥部旧址院落（由南向北拍摄）

图 2-16-3 邯郸起义纪念碑

反对内战。高树勋起义，开创了解放战争时期国民党高级将领率部起义的先例，有力地配合了中国共产党反击国民党反动派内战阴谋的军事和政治斗争，在国民党内部引起很大震动。中共中央高度重视其影响和意义，号召开展"高树勋运动"，瓦解和争取国民党军，收到巨大成效。

邯郸起义指挥部旧址为河北省第三批省级文物保护单位（图2-16-1～图2-16-3）。

17. 晋察冀边区爆炸英雄李混子制雷旧址

晋察冀边区爆炸英雄李混子制雷旧址位于石家庄市新乐市大岳镇北李家庄，建于民国初期，是一处独宅大院的临街房，房屋面阔四间，砖木结构，建筑面积88.2平方米。抗日战争时期，该房屋东三间作为民兵队部，西梢间作为李混子爆炸组的工作室，顶上增建了瞭敌岗楼。

李混子是爆炸组的组长，系新乐市北李家庄人，13岁参加抗日活动，15岁任村青年抗日先锋队指导员，1938年入党，带领爆炸组研制

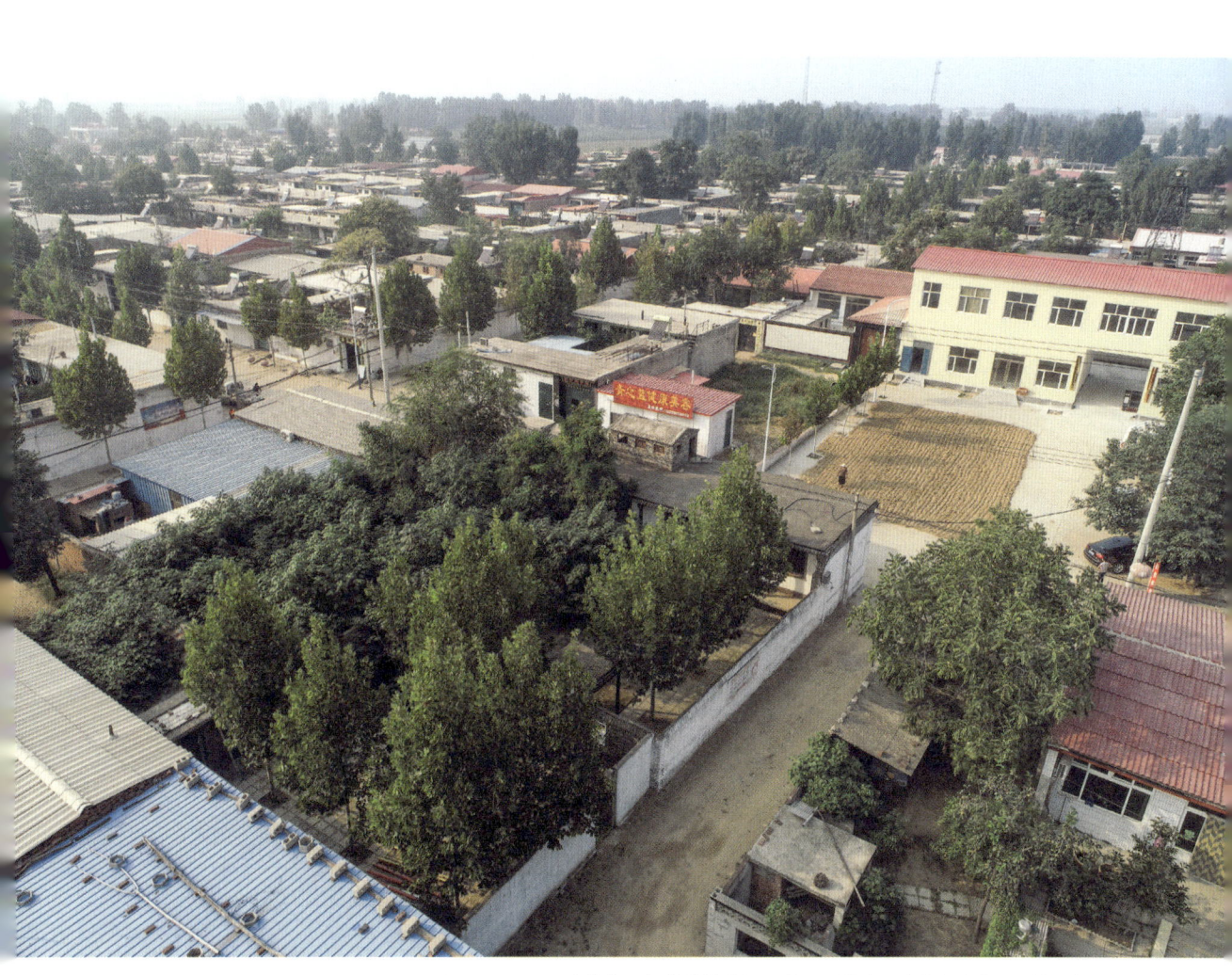

图 2-17-1　晋察冀边区爆炸英雄李混子制雷旧址全景（由东南向西北拍摄）

图 2-17-2　晋察冀边区爆炸英雄李混子制雷旧址院内（由南向北拍摄）

图 2-17-3　晋察冀边区爆炸英雄李混子制雷旧址（由西北向东南拍摄）

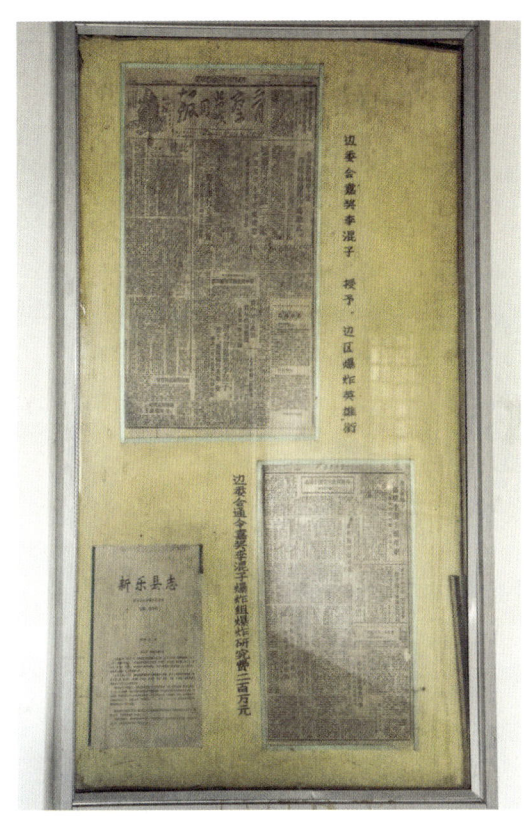

地雷，多次战斗中立功，被评为爆炸英雄。1946年12月9日，突发紧急情况，李混子去瞭望塔上观察敌情时破棉袍被风刮起挂住了雷线带响了地雷，受重伤抢救无效，年仅23岁。1947年晋察冀边区行政委员会发布通令，授予他"边区爆炸英雄"称号。爆炸英雄李混子同志牺牲后，《晋察冀日报》《冀中导报》多次报道他的英雄事迹，1955年河北人民出版社出版李铁珊著的《爆炸英雄李混子》。

晋察冀边区爆炸英雄李混子制雷旧址为河北省第四批省级文物保护单位（图2-17-1～图2-17-5）。

图 2-17-4 旧址内部展陈

图 2-17-5 李混子烈士纪念碑亭（由南向北拍摄）

18．中央人民广播电台旧址

中央人民广播电台旧址位于石家庄市井陉矿区天户村东南，占地面积约19000平方米，原建有二层电台大楼、地下室、2座发射铁塔、石窑洞、配电房、人员住房、防空洞等。现存电台大楼、地下防空洞和用作紧急疏散的地下廊道，配电房仅存基址，石窑洞基址尚有部分遗存。电台大楼系砖木结构二层坡顶建筑，南北长18.77米，东西宽11.11米，建筑面积425.6平方米，条石基础，墙体青砖砌筑，"人"字形木屋架，悬山双坡，红色瓦顶。

图 2-18-1　中央人民广播电台旧址全景（由西北向东南拍摄）

图 2-18-2　地下室（由南向北拍摄）

　　1948年，随着中央工委直属机关从陕北迁到平山西柏坡，党中央决定将陕北新华广播电台（中央人民广播电台前身）迁入河北，几经辗转入驻井陉矿区。当年，全国土地法大纲颁布的佳音，三大战役的捷报，七届二中全会及中华人民共和国成立的喜讯都从这里传出。1949年，中央人民广播电台随中央直属机关迁往北京，天户村电台成为中央人民广播电台第一转播台，直到1953年6月停止转播。中央人民广播电台旧址见证了全国解放、全国土地法大纲的颁布及中华人民共和国诞生和成长的重要历程，在解放战争时期及中华人民共和国广播事业的发展历程中发挥了重大作用，占有重要地位。

　　中央人民广播电台旧址为河北省第四批省级文物保护单位（图2-18-1、图2-18-2）。

19. 石家庄市政府交际处 309 号院旧址

石家庄市政府交际处309号院旧址位于石家庄市桥西区西建街13号，20世纪三四十年代由日本人设计建造，为一处日式建筑风格的建筑。日本投降后国民党交通部石家庄分区接收委员杨毅在接管石太铁路后入住，称为杨公馆。1947年石家庄解放后，市委市政府交际处将该院列为交际处的一部分，编号"309"。当时各战区的军政首长及海外华人、各界进步人士和起义的国民党军政要员前往中央驻地西柏坡，多数经过石家庄，经常入住309号院。1948年至1950年间，任弼时、陈毅、李先念、粟裕、朱德、徐向前、聂荣臻、毛泽东、周恩来、傅作义、邓宝珊、颜惠庆、邵力子等中央领导及国民党人士先后在此居住、停留。此后，309号院一直由军分区第一干休所（现为省军区第十七干休所）使用，现有老红军子女居住。

石家庄市政府交际处309号院旧址为河北省第五批省级文物保护单位（图2-19-1）。

图 2-19-1　石家庄市政府交际处 309 号院旧址全景（由东向西拍摄）

20. 华北大学旧址

　　华北大学旧址位于石家庄市正定县城内中山东路路北，东临隆兴寺。原为清代帝王的行宫，是隆兴寺的一部分。咸丰八年（1858年）改建为天主教堂，整座教堂现分布面积94949平方米，尚存建筑有天主教堂、神父楼、修女楼。1948年5月，中国人民大学的前身——华北大学在此成立，教堂改做礼堂，神父楼改为栖贤楼，修女楼改为学生宿舍。1949年3月，华北大学由正定迁往北平办学。后由于办学规模急剧扩大，故利用正定的旧址建立华北大学正定分校。中华人民共和国成立后，华北大学的一些院系陆续脱离学校独立办学，华北大学正定分校由

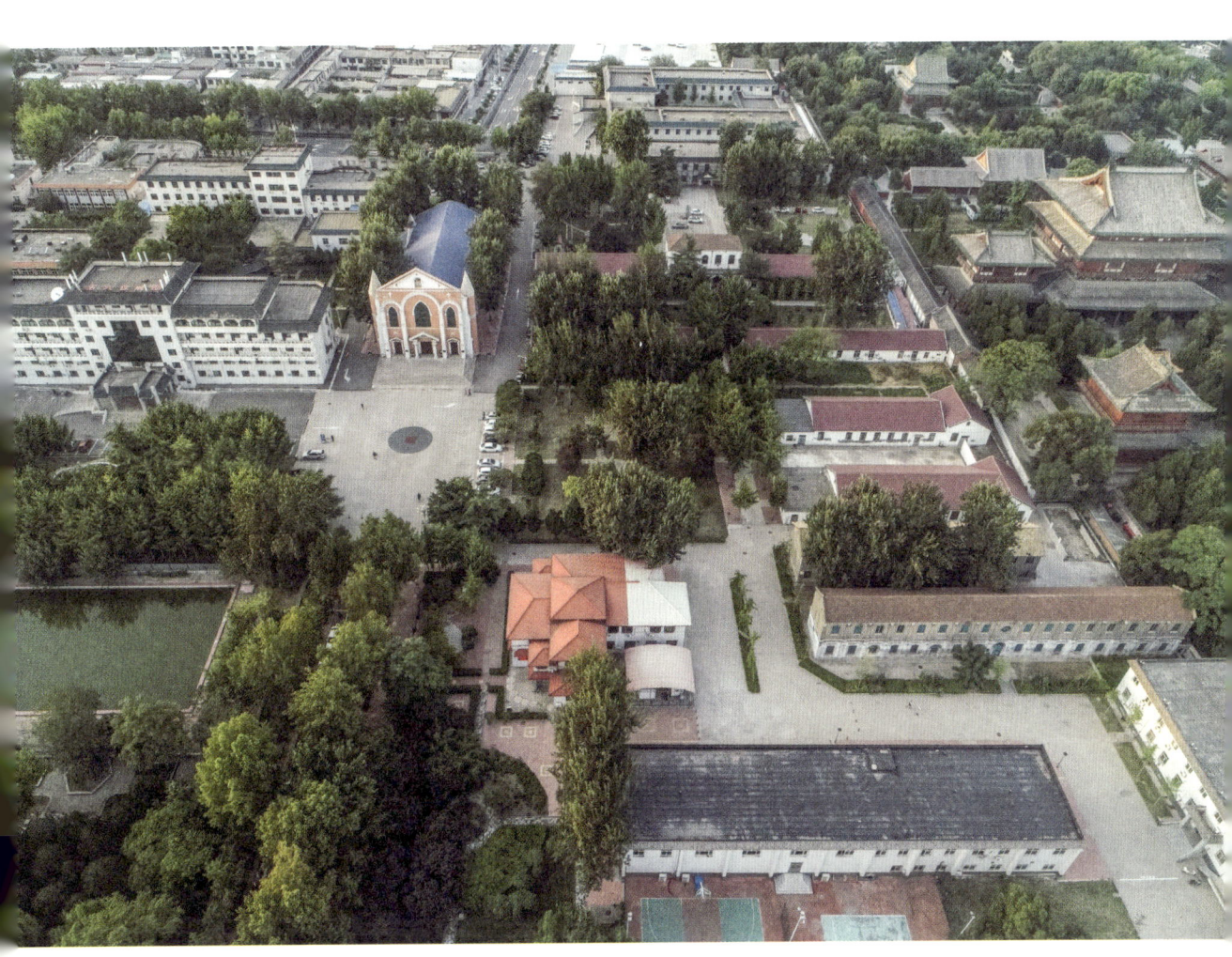

图 2-20-1　华北大学旧址全景（由南向北拍摄）

图 2-20-2 礼堂(由南向北拍摄)

图 2-20-3 礼堂内部北侧舞台（由南向北拍摄）

此撤销。自1950年起，华北大学旧址大部分区域由白求恩国际和平医院二五六临床部（现为中国人民解放军联勤保障部队第980医院）使用。

华北大学旧址见证了新中国高等教育的孕育和发展，为中国高等教育在新时期的长足发展奠定了坚实基础，被誉为"新中国高等教育的摇篮"。中华人民共和国成立后各校部分别组建并发展成为今天的中国人民大学、北京外国语大学、中央戏剧学院、中央音乐学院、中央美术学院、中国农业大学、北京理工大学，为中华人民共和国的教育事业做出了巨大贡献。

华北大学旧址为河北省第五批省级文物保护单位（图2-20-1～图2-20-5）。

下编　重要或代表性革命旧址

图 2-20-4　栖贤楼（由南向北拍摄）

图 2-20-5　宿舍（由西南向东北拍摄）

21. 华北育才小学旧址

　　华北育才小学旧址位于石家庄市井陉县孙庄乡孙庄村中西部，由大课堂、刘荣老师旧居、古槐、古井组成，占地面积916平方米。大课堂为一处布瓦顶民居四合院，占地面积292.8平方米，由正房、东厢房、倒座组成；刘荣老师旧居为另一处布瓦顶民居四合院，占地面积约300平方米，由正房、东、西厢房、倒座、垂花门组成。

图 2-21-1　华北育才小学旧址大课堂全景（由南向北拍摄）

图 2-21-2　大课堂正房（由南向北拍摄）

　　1948年，延安保小、光明小学、邯郸行知学校分别由阜平槐树庄、武安阳邑镇、木井村搬迁到孙庄，合并成立华北育才学校，郭林为校长，李铁映等在此学习。1950年迁至北京，更名为北京育才学校。

　　华北育才小学旧址为河北省第五批省级文物保护单位（图2-21-1、图2-21-2）。

22．沕沕水电厂旧址

沕沕水电厂旧址位于石家庄市平山县沕沕水景区内，占地面积1440平方米，现存发电机房、办公室、岗楼、大门和围墙等建筑。发电机房坐西朝东，砖石结构，钢桁架，铁皮屋顶，机房内有发电机组、水轮机及配电盘等设备。

沕沕水电厂始建于1947年6月，1948年1月建成，是我党我军建设的第一座水力电厂，为提高军工生产能力和满足解放战争武装需要提供了重要的能源保障，并向西柏坡输送照明、发报、广播用电，为党中央指挥三大战役，解放全中国发挥了重要作用。同时沕沕水电厂旧址为我党

图 2-22-1　沕沕水电厂旧址全景（由东向西拍摄）

图 2-22-2　沕沕水电厂旧址大门（由东向西拍摄）

图 2-22-3　沕沕水电厂旧址发电机房（由东向西拍摄）

图 2-22-4　发电机房内部

图 2-22-5　沕沕水电厂旧址办公室（由南向北拍摄）

图 2-22-6　沕沕水电厂旧址蓄水池

我军在水电事业上的发展和研究提供了十分重要的实例，展现了科学技术人员在极其艰苦的环境下团结一致、积极探索、勇于创造、用科学严谨的态度攻克技术难关，在较短的时间内实现技术到应用的成功转化的重大实践，具有典型的现实教育意义。

沕沕水电厂旧址为河北省第五批省级文物保护单位、河北省爱国主义教育基地、河北省国防教育基地（图2-22-1～图2-22-7）。

图 2-22-7　沕沕水电站国防教育展厅内部展陈

23. 陈庄歼灭战旧址

陈庄歼灭战旧址位于石家庄市灵寿县岔头镇横山岭水库库区，旧址包括主战场遗址、烈士墓地、陈庄歼灭战纪念碑及贺龙指挥部旧址等。

陈庄地处河北灵寿县西北部山区腹地，是八路军晋察冀边区重镇，抗大总校、抗大二分校、边区政府等单位曾驻扎于此。1939年9月25日至30日，一二〇师部队在晋察冀军区第四军分区部队协同下，在灵寿县陈庄歼灭日军第八独立混成旅团1200余人，取得了陈庄战斗的重大胜利，被称为"模范的歼灭战"[①]。为了纪念这次歼灭战的胜利和牺牲的战士，1959年10月1日正定县（当时正定、灵寿合县）人民政府在歼灭战旧址修建了纪念碑。碑通高3米，碑身为汉白玉石质，平面为五边形，正面题"陈庄歼灭战纪念碑"八个大字，其他面记载战斗经过。陈庄歼灭战贺龙指挥部旧址位于灵寿县岔头镇刘家沟村，建于民国年间，系砖木结构

1. 贺龙指挥部旧址　2. 陈庄歼灭战旧址

图 2-23-1　陈庄歼灭战旧址

---

① 中共河北省委党史研究室：《中国共产党河北历史第一卷（1921～1949）》，中共党史出版社，2021年，第345页。

图 2-23-2 贺龙指挥部旧址全景（由南向北拍摄）

图 2-23-3 陈庄歼灭战旧址（由东南向西北拍摄）

平顶民居建筑。院子东南角设门楼，正房坐北朝南，面阔五间，前出廊；西房3间，南侧两间出廊。2010年，建陈庄歼灭战陈列馆。

陈庄歼灭战打击了日军的嚣张气焰，开创了我军山地运动战之范例，是继平型关大捷后我军取得的又一重大胜利，为坚定我军民抗日必胜的信心起到了重大的作用。

陈庄歼灭战旧址为河北省第四批省级文物保护单位、河北省爱国主义教育基地、第三批国家级抗战纪念设施、遗址。陈庄歼灭战贺龙指挥部旧址公布为河北省第五批省级文物保护单位，归入陈庄歼灭战旧址（图2-23-1～图2-23-7）。

图2-23-4　陈庄歼灭战纪念碑（由南向北拍摄）

图2-23-5　陈庄歼灭战烈士墓（由南向北拍摄）

图 2-23-6　陈庄歼灭战陈列馆（由南向北拍摄）

图 2-23-7　陈庄歼灭战陈列馆展陈

24．黄土岭战役旧址

黄土岭战役旧址位于保定市涞源县银坊镇黄土岭村与易县桥家河乡寨头村交界一带。其主要战场位于黄土岭村至寨头上庄子一带的沟谷，是古代主要隘口。黄土岭抗战旧址遗迹主要包括"雁宿崖黄土岭战役纪念碑""垂青亭"和阿部规秀击毙处村民院落。1987年涞源县委县政府于黄土岭村庙儿山山顶建"垂青亭"，亭内竖立聂荣臻元帅亲笔题名的"雁宿崖黄土岭战役胜利纪念碑"。阿部规秀击毙处为村民院落，现有南房5间，抗战期间被日军抢占作为临时指挥所。

1939年10月，日军对我晋察冀边区进行冬季"大扫荡"。1939年11

图 2-24-1　黄土岭战役旧址全景（由南向北拍摄）

图 2-24-2 击毙阿部规秀旧址（由北向南拍摄）

图 2-24-3 雁宿崖黄土岭战役胜利纪念碑（由西向东拍摄）

月,在抗日战争北岳区反扫荡中,晋察冀军区部队在河北省涞源县雁宿崖、黄土岭地区对日军进行了伏击战。11月3日,侵华日军辻村宪吉大佐率领的第2旅团第1大队被杨成武将军率领的一分区全歼于雁宿崖峡谷。5日,日军驻张家口最高司令官阿部规秀中将率领1500余人对我解放区进行报复性扫荡。八路军以6个团的兵力诱敌深入,7日,日军全部进入我军在黄土岭至上庄子一带设下的埋伏圈,杨成武将军率领一分区一团、三团、三分区二团、二十五团、特务团,经过一天一夜的激烈战斗消灭日军900余人,并击毙日军名将之花——阿部规秀中将,这是在全国抗日战场上击毙的日军最高将领。日本《朝日新闻》哀叹:"名将之花凋谢在太行山上。"

黄土岭战役是我军继平型关大捷后又一次重大胜利,极大地鼓舞了全国军民的抗战信心,沉重打击了侵华日军的嚣张气焰。黄土岭战役旧址见证了八路军在这场重大战斗中的伟大胜利,见证了八路军在全国艰苦卓绝的抗日战争中做出的不可磨灭的历史贡献。

黄土岭战役旧址为河北省第四批省级文物保护单位、第二批国家级抗战纪念设施、遗址(图2-24-1~图2-24-4)。

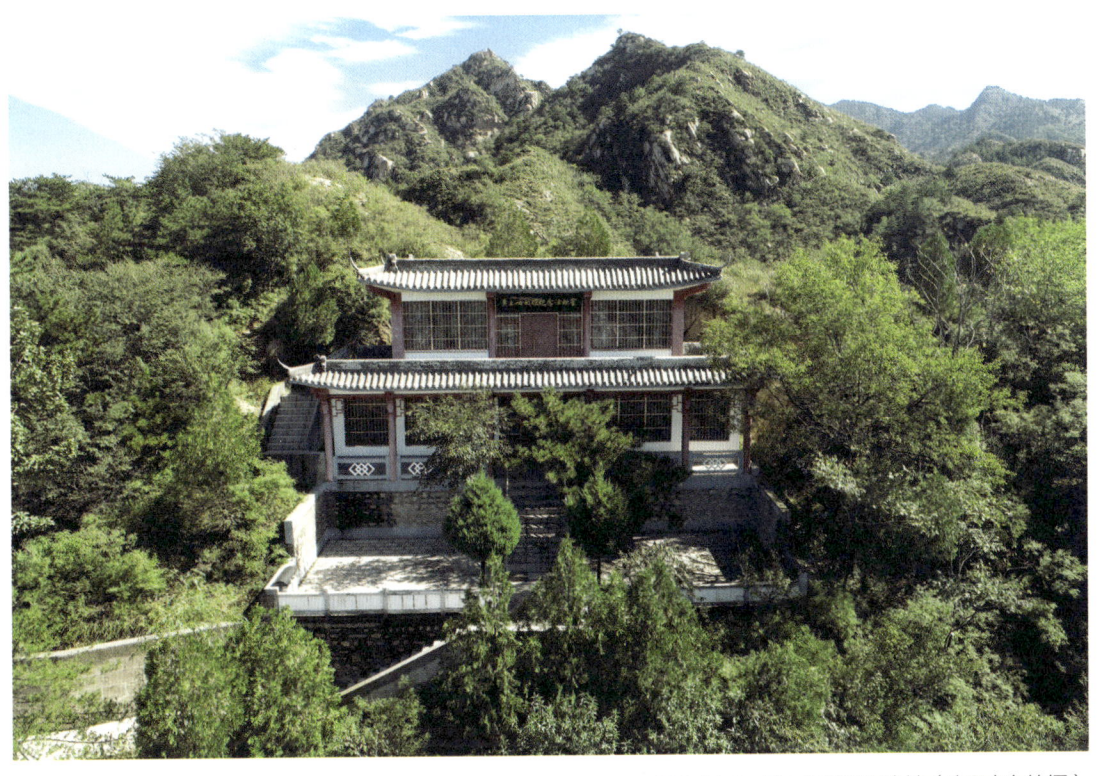

图 2-24-4 黄土岭战役纪念馆(由西向东拍摄)

图 2-25-1　乏驴岭铁桥全景（由西南向东北拍摄）

25．乏驴岭铁桥

　　乏驴岭铁桥位于石家庄市井陉县天长镇乏驴岭村口，是原正太（正定—太原）铁路中的重要组成部分，南北纵跨于绵河之上，北与乏驴岭村相连，南与307国道相连。该桥由法国DAYD&PILL（戴德&皮耶）钢铁建筑公司设计修建，采用的是19世纪流行的钢铁搅炼技术，与法国巴黎铁塔采用的同一种技术工艺。该铁桥于1904～1905年建成，桥长75

下编　重要或代表性革命旧址

图 2-25-2　乏驴岭铁桥（由南向北拍摄）

图 2-25-3　乏驴岭铁桥建造年代

图 2-25-4　弹孔

209

米，宽5.5米，高7.5米，铁桥框架结构采用角铁、板铁、工字钢等横、竖、平、斜相接，铆钉铆固。铁桥停止使用后撤走铁轨，在枕木上铺设木板供人行走，后改为水泥路面。

铁桥建成通车后由法国人经营25年，1933年收归国有。1939年日寇占领井陉后将正太铁路使用的窄轨改为标准轨，借此封锁根据地。百团大战第一阶段的中心任务就是摧毁正太路交通，在"正太铁路破袭战"中乏驴岭铁桥成为破袭重点之一。1943年，日寇将正太线改道乏驴岭西的熊猴弯，乏驴岭铁桥从此基本完成了作为铁道桥的历史使命。1948年人民解放军临时启用乏驴岭铁桥，用作支援太原战役。1949~1950年间正太线全线恢复通车，乏驴岭铁桥上的铁轨被撤走，之后该桥成为了村民的通行桥使用至今。

乏驴岭铁桥作为正太铁路重要组成部分，是正太铁路建设的一个缩影，它见证了中国近代在屈辱中谋求振兴的历史，见证了外国殖民者通过铁路投资扩大对我国经济、政治侵略的历史以及中国铁路工人为争取"路权国有化"进行不懈抗争的历史，也见证了中国人民反抗日寇侵略的不屈史实。同时铁桥的建筑结构、技术、工艺都有着十分重要的科学研究价值。

乏驴岭铁桥为河北省第六批省级文物保护单位（图2-25-1~图2-25-4）。

图 2-26-1　山底抗日地道遗址（由东南向西北拍摄）

26．山底抗日地道遗址

山底抗日地道遗址位于邯郸市峰峰矿区义井镇西南约10公里的山底村。为保卫家园抗击日寇，抗日军民从1941年开始修建地道，1943年建成。现存地道主巷1626米，复巷304米，支巷13666米，大峒室2个，小藏身洞关口6个，陷阱4个，直通枯井的地道2条，通往距山底村1000余米太行山脚下的地道1条。地道沿街巷布置，大街为主巷道，小胡同为支道通往各户。20世纪70年代，挖防空洞时又把旧地道重新利用，并对主巷道进行了修筑。山底抗日地道遗址是中华民族抗击日寇的重要历史见证，是抗战时期冀南平原实际作战的经验总结，再现了革命先辈的智慧和伟大创举。

山底抗日地道遗址为河北省第六批省级文物保护单位，国家级抗战纪念设施遗址、河北省爱国主义教育示范基地（图2-26-1～图2-26-5）。

图 2-26-2　地道入口
（由北向南拍摄）

图 2-26-3　通道

图 2-26-4　作战室

图 2-26-5　陷阱

27. 石家庄大石桥

石家庄大石桥位于石家庄市新华区公里街29号石家庄解放纪念碑管理处以北。大石桥呈东西走向，长约150米，宽约10米，高约7米，青石砌成，共24个桥孔，桥面坡度平缓，桥两侧各有石狮两座。

1906年和1907年，卢汉铁路与正太铁路相继通车，由于这两条铁路均从石家庄市中心穿过，把市区分为东西两部分，给东西交通带来极大不便。鉴于此，各界人士纷纷联名上书正太铁路法国总办，要求拨款建桥，但遭到拒绝。此种情况下，工人代表们倡议自筹资金建桥，全线2500名职工每人捐献一天的工资，于1907年秋季修筑完成。石家庄市区"桥东""桥西"由此而得名。

石家庄大石桥处于市中心，毗邻火车站、正太饭店等，因此成为我们党领导工人运动、开展革命活动的重要场所。中国共产党成立之初，彭真、高克谦等共产党员在石家庄铁路工人中宣传马克思主义。1925年9月高克谦惨遭反动军阀杀害，翌年，彭真等同志在大石桥场地主持召开追悼大会。抗日战争胜利以后，国民党军队占领石家庄，建立了以大石桥为核心的防御工事。1947年11月，晋察冀野战军杨得志、罗瑞卿兵团对石家庄国民党守军发起攻城大战，11月12日，我军向国民党守军指挥

图 2-27-1　石家庄大石桥全景（由西南向东北拍摄）

中心大石桥发起总攻，全歼守军，并在桥下生擒国民党军队三十二师师长刘英，石家庄战役取得重大胜利。

大石桥是石家庄市最早的铁路跨线桥，是当时石家庄市的象征性建筑，具有历史纪念意义。同时石家庄大石桥展现了石家庄早期工人阶级团结奋斗的革命精神，也是解放石家庄光辉历史的重要见证。

石家庄大石桥为河北省第三批省级文物保护单位（图2-27-1～图2-27-3）。

图2-27-2 石家庄大石桥桥洞（由南向北拍摄）

图2-27-3 石家庄大石桥西南角石狮子（由南向北拍摄）

图 2-28-1　正太饭店全景（由东向西拍摄）

28．正太饭店

　　正太饭店位于石家庄市新华区公里街3号，1907年法国人建造，与正太铁路同时建成，是正太铁路的服务性配套设施，是当时石家庄最大、最豪华的饭店，专门用于接待法国贵宾、驻石军界首领及官僚政客。正太饭店曾接待过九世班禅[①]、多位国民政府军政要员以及共产党领导人。1925年"五卅"运动期间，石家庄工学商联合会、沪案后援会等办公地

---

① 李惠民：《正太饭店与历史要人相关史实钩沉》，《中共石家庄市委党校学报》2021年1月第23卷第1期。

点皆设在正太饭店。1947年解放石家庄时，正太饭店又是国民党驻军顽固抵抗的核心工事和最后防线，最终被中国人民解放军攻克，正太饭店因此成为解放石家庄的纪念性建筑之一。

正太饭店坐西朝东，南北长约50米，东西宽约44米，高2~3层，占地面积约2152平方米，建筑面积约4520平方米。平面布局呈"日"字形，分南北两个院落。南院建筑高三层，北楼、东楼和南楼为坡顶，西楼为平顶；东楼正中辟门进入前厅及院落，一层院内东、西、北三面出廊，檐部为拱形券，二层设平台并砌筑花墙护栏，南院西楼廊道可通北院。北院北楼和东楼均为二层平顶建筑，院内一二层均设廊道，檐部为拱券顶与西楼相通；东楼一层向东突出形成弧形墙，墙上辟券顶窗，二层设弧形平台及花墙护栏。

图 2-28-2　正太饭店大门（东南向西北拍摄）

图 2-28-3　正太饭店二层欧式阳台（由东南向西北拍摄）

图 2-28-4　正太饭店一层大门（由西向东拍摄）

　　正太饭店建筑基本保留了原始格局和风貌，规模宏大、布局合理，坚固厚重，具有重要的建筑艺术和科学价值。正太饭店地处石家庄市中心地段，是石家庄保留的唯一一处近代高级旅店建筑。它见证了石家庄市因铁路而产生、发展的历程，也见证了石家庄的解放，具有重要的历史价值和社会价值。

　　正太饭店为河北省第五批省级文物保护单位（图2-28-1～图2-28-6）。

图 2-28-5　正太饭店一层木质楼梯（由东向西拍摄）

图 2-28-6　正太饭店院内环境（由西南向东北拍摄）

29．井陉煤矿总办大楼

井陉煤矿总办大楼位于石家庄市井陉矿区井陉矿务局机关院内，占地面积约450平方米，建筑面积1108平方米。建筑坐西朝东，南北长约30米，东西宽约15米，两层，总高约15米。青石砖木结构，以青石为基，大楼正门台基为弧形八级台阶，一层正面中部设有前厅，三孔石拱形门券，前厅上部设女墙；屋架为木质桁架结构，四坡顶，为典型的德式建筑风格。

清光绪二十四年（1898年），井陉县南正村张凤起购地18亩筹划办矿，后因资本不足、工艺技术落后进展缓慢。1903年4月，张凤起遂与北

图 2-29-1　井陉煤矿总办大楼全景（由东北向西南拍摄）

洋海军提督德国普鲁士贵族后裔汉纳根签订合办契约，定名为"井陉县煤矿局"，1905年建成总办大楼。未几，时任北洋大臣袁世凯开展收回矿权运动，剥夺张凤起的办矿权，与汉纳根改订官商合办契约，定名为"直隶井陉矿务局"。1927年中共井陉矿支部成立，带领工人开展大规模的罢工斗争，沉重打击了资本家。1937年10月11日，井陉、正丰矿沦陷，矿区被日军侵占。1945年抗战结束后，国民党河北省政府接收井陉矿，1947年井陉解放，由晋察冀边区政府接收。1949年以后，成立河北井陉矿务局，沿用至今。

井陉煤矿总办大楼见证了我国近代民族工业——井陉煤矿的初创萌芽、合资发展、被日军侵占以及中华人民共和国成立后重新恢复发展，一直延续至今的百年发展历程，是河北近代煤炭工业发展的历史缩影。同时，煤矿工人在中国共产党的影响和领导下，勇于斗争，积极反抗压迫和外敌侵略，为我国工人阶级登上历史舞台贡献了力量。

井陉煤矿总办大楼为河北省第四批省级文物保护单位（图2-29-1、图2-29-2）。

图2-29-2　井陉煤矿总办大楼（由东向西拍摄）

图 2-30-1　晋察冀边区烈士陵园全景（由南向北拍摄）

30．晋察冀边区烈士陵园

晋察冀边区烈士陵园位于保定市唐县军城镇南关村西古校场旧址内，其前身为晋察冀边区抗战烈士公墓，1953年4月更名为晋察冀边区烈士陵园。

1939年5月21日晋察冀军区司令部移驻唐县和家庄后，由于对日战事频繁，不断有边区干部和八路军指战员牺牲，遂选定军城南关古校场一块官地作为公墓场，用以埋葬烈士。陵园坐西朝东，以白求恩墓为中轴线，南侧是柯棣华墓，北侧是琼·尤恩墓和傅莱墓。1940年3月，开始

图 2-30-2　晋察冀边区烈士陵园大门（由东向西拍摄）

修建白求恩墓，7月7日修建晋察冀边区抗战烈士纪念塔。1943年6月，开始修建柯棣华墓。陵园北侧还设有烈士公墓和分散烈士墓。公墓内安葬着30余名抗日战争时期牺牲的县团级以上干部和中华人民共和国成立后不同时期的革命烈士，分散烈士墓内安葬着45名原散葬唐县各地后迁到这里集中安葬的烈士，并建有无名烈士墓两座，埋葬着几十名抗战烈士的遗骨。陵园内还立有两块纪念碑，记录着两场战役牺牲的烈士名字，碑廊里10块石碑上镌刻着唐县籍2528名烈士姓名。陵园内还安葬着11名中华人民共和国成立后逝世的原晋察冀军区老战士。1953年3月，河北省民政厅决定将白求恩、柯棣华及部分烈士的遗骨迁送到华北军区烈士陵园内，此墓地仍保持原样。

图 2-30-3　晋察冀边区烈士陵园烈士公墓纪念碑（由南向北拍摄）

晋察冀边区烈士陵园是中国共产党所建较早的烈士陵园之一，是埋葬烈士忠骨的圣地，是我们缅怀先烈和接受爱国主义教育的重要场所。

晋察冀边区烈士陵园为河北省第二批省级文物保护单位、第二批国家级抗战纪念设施、遗址（图2-30-1～图2-30-9）。

图 2-30-4　晋察冀边区烈士陵园烈士公墓（由东南向西北拍摄）

图 2-30-5　晋察冀边区烈士陵园烈士英名录碑廊（由西南向东北拍摄）

图 2-30-6　白求恩墓（由东向西拍摄）

图 2-30-7　柯棣华墓（由东向西拍摄）

图 2-30-8 傅莱墓（由东向西拍摄）

图 2-30-9 琼·尤恩墓（由东北向西南拍摄）

31. 晋冀鲁豫烈士陵园

晋冀鲁豫烈士陵园位于邯郸市陵园路60号，占地面积21.3万平方米，陵园是按照党的七大精神，为纪念牺牲在晋冀鲁豫边区的八路军总部前方司令部、政治部、晋冀鲁豫军区及一二九师的革命烈士，1946年3月由晋冀鲁豫边区参议会决议修建的，1950年10月21日落成。

陵园分南北两院，主要纪念建筑有烈士纪念塔、人民英雄纪念墓、陈列馆（晋冀鲁豫革命史迹陈列）、烈士纪念堂（晋冀鲁豫革命烈士事迹陈列）、左权将军纪念馆、左权将军墓、四八烈士阁、晋冀鲁豫人民

图 2-31-1　晋冀鲁豫烈士陵园全景（由西南向东北拍摄）

下编　重要或代表性革命旧址

解放军烈士公墓等。安葬有八路军副参谋长左权将军、中共中央北方局军委书记张兆丰、抗日民族英雄范筑先、一等杀敌英雄赵亨德、王克勤等二百多名为国捐躯的优秀指挥员和著名战斗英雄。整个园区建筑以大门、纪念塔、烈士公墓为中轴线，东边建有纪念堂，西边建有陈列馆。纪念堂、陈列馆为仿古建筑，大门、纪念塔具有西式建筑特点。晋冀鲁豫烈士陵园兴建以来，得到党和国家领导人的高度重视，毛泽东、朱德、周恩来、刘伯承、邓小平、陈毅、聂荣臻、江泽民、吴邦国等国家领导人曾亲莅陵园参谒并题词留念。

晋冀鲁豫烈士陵园为河北省第五批省级文物保护单位、全国爱国主义教育示范基地（图2-31-1～图2-31-9）。

图 2-31-2　烈士纪念塔（由南向北拍摄）

图 2-31-3　四八烈士阁（由南向北拍摄）

图 2-31-4　左权将军纪念馆（由西南向东北拍摄）

图 2-31-5　张兆丰墓（由东南向西北拍摄）

图 2-31-6　晋冀鲁豫人民解放军烈士公墓（由北向南拍摄）

图 2-31-7　烈士纪念堂正立面（由南向北拍摄）

图 2-31-8　陈列馆（由南向北拍摄）

图 2-31-9　陈列馆展陈

32. 晋冀鲁豫抗日殉国烈士公墓旧址

　　晋冀鲁豫抗日殉国烈士公墓旧址位于涉县石门村西北山坳里，始建于1942年10月。公墓背依莲花山，面临清漳河，曾安葬左权将军（八路军总部副参谋长）、冀南银行行长高捷成、新华日报社社长何云、北方局政权工作部秘书张衡宇、冀南银行第二任行长赖勤和夫人、朝鲜义勇军领导人陈光华和石鼎等8位烈士。公墓由3层台地组成，左权将军墓位于三层台地的最上层。第一层台地的中间有一荷花池，第二层台地的中间建有左权将军纪念塔。墓呈长方形，由青石筑成，墓碑上刻有"左权将军墓"5个大字，两侧为石鼎、陈光华、张衡宇等烈士墓。八路军副总司令彭德怀亲自撰写和手书的《左权同志碑志》镌刻在左权将军纪念塔的左侧。1950年烈士灵柩迁往邯郸"晋冀鲁豫烈士陵园"。

　　左权（1905～1942），湖南醴陵人，1925年1月加入中国共产党，曾

图 2-32-1　晋冀鲁豫抗日殉国烈士公墓旧址全景（由东向西拍摄）

图 2-32-2　左权将军纪念塔（由西南向东北拍摄）

图 2-32-3　晋冀鲁豫抗日殉国烈士公墓——左权将军墓（由南向北拍摄）

赴苏联学习。参加中央苏区历次反"围剿"作战；长征时参与指挥强渡大渡河、攻打腊子口、直罗镇、东征等著名战役战斗；抗日战争时担任八路军副参谋长、八路军前方总部参谋长，在华北抗日前线，开展敌后游击战。1942年5月，日军对太行山抗日根据进行"铁壁合围"大"扫荡"，25日左权在十字岭战斗中牺牲。

高捷成（1909～1943），福建省漳州人。1926年参加国民革命第一军，1928年考入厦门大学学习经济，1932年4月参加中国工农红军，后转到中央苏区从事根据地银行事业，同年5月加入中国共产党。在中央苏区工作时，亲自篆刻货币印鉴，建立银行组织机构，首创红军会计工作制度。抗日战争时期，深入冀南抗日根据地，筹建冀南印钞厂，任冀南银行第一任行长，是中国共产党金融事业的奠基人之一，1943年5月14日，在反"扫荡"战斗中牺牲于河北内丘白鹿角村。

何云（1907～1942），浙江上虞人，1930年5月考入上海复旦大学，后留学于日本早稻田大学经济系。九一八事变后，投身抗日救亡运动。1932年加入中国共产党，在上海从事党的地下活动，后被捕入狱，抗日战争爆发后获释。曾任《金陵日报》编辑、《新华日报》国际新闻栏目主编、《新华日报》华北分社社长兼总编，兼任中国青年新闻记者学会北方办事处主任。1942年5月28日，在太行山反"扫荡"战斗中牺牲于山西辽县（今左权县）大羊角铺附近。

张衡宇（1907～1942），山西省忻县人。1928年考入北平师范大学，曾在河北大名第七师范、西安及太原第一中学任教，宣传马列主义

图 2-32-4　张衡宇墓、何云墓（由西南向东北拍摄）

图 2-32-5　石鼎墓、陈光华墓（由南向北拍摄）

图 2-32-6　高捷成墓，赖勤、范熙同墓（由南向北拍摄）

和共产党的政治主张，宣传进步思想，1933年5月加入中国共产党。抗战时期在中共中央北方局工作。1942年5月，在太行山反"扫荡"战斗中牺牲。

赖勤（1906~1945），江西省泰和县人。1926年就读于上海南洋医科大学，接受共产主义思想，1927年加入中国共产党。1937年8月任八路军一二九师供给处主任，后调任晋冀鲁豫军区冀南行署财经处长、冀南军区后勤部长兼供给部政委、冀南银行路东行经理。1943年7月调任冀南银行总行行长，次年兼任太行区工商总局监察委员。在长期艰苦的工作中，积劳成疾，1945年6月9日病逝。

陈光华（1911~1942），原名金昌华，朝鲜平安南道大同郡人。中学时期在朝鲜积极参加反日活动，在中国留学时加入中国共产党，1937年9月在延安中央党校学习。在校时期参加一二九学生抗日运动、韩国国民党朝鲜青年前卫团及中国青年抗日同盟，1938年抵太行山抗日根据地从事宣传工作。1941年创立并领导华北朝鲜青年联合会，任晋冀鲁豫支会会长。1942年5月28日，在太行山反"扫荡"中，牺牲于山西辽县（今左权县）偏城花玉山。

石正（石鼎）（1901~1942），原名尹世胄，韩国庆尚南道密阳市人。1919年参加了朝鲜"三一"反日民族独立运动后流亡到中国东北，创立并领导朝鲜义烈团。回国从事暗杀活动时，被捕入狱八年，出狱后再次流亡中国，1935年1月创立朝鲜民族革命党。中国抗日战争爆发后，组织朝鲜义勇队参加抗战。1941年7月率部到华北太行山抗日根据地，领导华北朝鲜青年联合会与八路军并肩作战。1942年5月28日，在太行山反"扫荡"作战中，不幸牺牲于山西辽县（今左权县）偏城花玉山。

　　晋冀鲁豫抗日殉国烈士公墓为河北省第二批省级文物保护单位、河北省爱国主义教育示范基地、国家级抗战纪念设施遗址（图2-32-1~图2-32-8）。

图 2-32-7　杨裕民、范筑先纪念塔（由西南向东北拍摄）

图 2-32-8　晋冀鲁豫抗日殉国烈士纪念馆

33. 冀东二十五县烈士陵园与抗战胜利纪念楼

　　冀东二十五县烈士陵园与抗战胜利纪念楼位于唐山市丰润区杨官林镇池家屯村，占地面积约2960平方米。冀东二十五县烈士陵园坐北朝南，园内竖有纪念碑三座，分别为冀东二十五县英雄烈士碑、玉田起义纪念碑和抗战烈士纪念碑。冀东二十五县英雄烈士碑建有砖砌二层六角盔顶碑亭，顶部中央立圆柱，柱顶设五角星，庄严、肃穆。玉田起义纪念碑和抗战烈士纪念碑均建有砖砌简易碑亭。纪念碑碑文表达了对烈士的缅怀，也反映了抗战胜利后冀东人民坚定、深厚、丰富的思想内涵。

　　抗战胜利纪念楼位于冀东二十五县烈士陵园西侧，坐北朝南，是一座青砖平顶二层建筑，面阔三间，进深一间，正面各间有突出的砖柱分

图 2-33-1　冀东二十五县烈士陵园全景（由南向北拍摄）

图 2-33-2　冀东二十五县英雄烈士碑楼（由东向西拍摄）

隔，砖柱上水泥雕刻对联。建筑顶部四周设花式女墙，女墙正面各间饰有水泥砂浆雕饰画。对联和雕饰画生动表达了对革命者的赞颂和抗战胜利的喜悦。该楼建筑独特，并有彭来、张明远、李运昌等冀东领导的题词，是国内唯一一座纪念抗战胜利的纪念楼，具有较高的历史价值和纪念意义。

冀东二十五县烈士陵园与抗战胜利纪念楼为河北省第五批省级文物保护单位（图2-33-1～图2-33-6）。

图 2-33-3　冀东二十五县英雄烈士碑
（民国三十五年）

图 2-33-4　玉田起义纪念碑（民国三十五年）

图 2-33-5　抗战胜利纪念楼（由南向北拍摄）

图 2-33-6　抗战胜利纪念楼水泥雕塑（由南向北拍摄）

34. 行唐县抗日烈士纪念塔

　　行唐县抗日烈士纪念塔位于石家庄市行唐县九口子乡上南庄村北的小山上，处于行唐县上南庄烈士陵园内，下有60级台阶可达于此。此塔为纪念1943年10月我八路军三十团一连与日寇激战中牺牲的英烈，于1945年5月1日由冀晋军区、冀晋军分区、三十团、行唐县委县政府、行唐支队联合修建。纪念塔坐北朝南，平面为方形，塔身为汉白玉石质，高3.65米，宽0.75米，正面刻有"抗日烈士纪念塔"七个大字，其他三面书刻有冀晋军区、冀晋军分区、三十团首长及行唐县委、县政府、行唐支队领导题写的悼词，顶部收为尖顶。纪念塔周以石栏板围护，向北

图 2-34-1　行唐县抗日烈士陵园全景（由南向北拍摄）

纵排有"烈士林""英灵永存""江真烈士墓"石碑，石碑后为110座烈士墓。

行唐县抗日烈士纪念塔是一处重要的抗日战争时期纪念设施，是缅怀革命先烈、进行爱国主义教育和革命传统教育的重要场所。

行唐县抗日烈士纪念塔为河北省第四批省级文物保护单位（图2-34-1～图2-34-4）。

图 2-34-2　行唐县抗日烈士纪念塔（由南向北拍摄）

图 2-34-3　行唐县抗日烈士纪念碑亭

图 2-34-4　行唐县革命烈士纪念馆

35. 邯郸战役革命烈士墓群

邯郸战役革命烈士墓群位于邯郸市成安县闫长巷村南。占地面积约5亩，安葬着101位邯郸战役中牺牲的八路军官兵。墓葬东西20行，南北5列，团长王大顺墓排在最前面。

邯郸战役又称平汉战役。1945年10月，国民党军队进攻解放区，企图迅速控制华北等地的战略要地和交通线，从而打通进入东北的通路并抢占东北。其中，沿平汉铁路向北进攻的国民党第十一战区副司令长官马法五、高树勋率领的第三十、第四十军及新八军等部共7个多师为第一梯队，进攻锋芒直指中国共产党晋冀鲁豫解放区首府邯郸。1945年10月24日至11月2日，晋冀鲁豫军区部队在刘伯承、邓小平指挥下，在平汉铁路邯郸以南地区，对来犯国民党军进行大规模歼灭战。马法五被俘，高树勋率部起义。这次战役歼灭国民党军2个军，争取1个军起义，合计3万余人，粉碎了国民党军打通平汉铁路的企图，阻滞了国民党军队向华北等解放区的推进，掩护了中国共产党领导的人民军队在东北的战略展开。战斗胜利后，当地人民将从前线运回的101名烈士遗体安葬在闫长巷村南，称为邯郸战役革命烈士墓群。

邯郸战役革命烈士墓群为河北省第五批省级文物保护单位（图2-35-1～图2-35-3）。

图2-35-1　邯郸战役革命烈士墓群（由西南向东北拍摄）

图 2-35-2　邯郸战役革命烈士墓碑

图 2-35-3　邯郸战役革命烈士墓群（由西南向东北拍摄）

图 2-36-1　罗汉坪军工烈士纪念塔旧塔（由东向西拍摄）

36．罗汉坪军工烈士纪念塔

罗汉坪军工烈士纪念塔位于石家庄市平山县北冶乡原罗汉坪村，现属下寨村。纪念塔是华北人民政府公营企业部第33兵工厂在1949年7月离开平山前，为纪念在军工生产中献出生命的24位战友和烈士而修建，刘少奇和任弼时专程赶来参加这座军工烈士纪念塔的落成仪式。纪念塔占地43平方米，塔基面积2.3平方米，塔系青砖砌筑，水泥抹面，通高4.25米，由塔顶、塔身、底座构成，塔身四面碑文，塔顶铁铸军工人像，头戴五星帽，身着背带式工作服，右手举铁锤过头，造型生动。罗汉坪军工烈士纪念塔是晋察冀军工事业卓越发展的重要实物见证，是军工战士不畏牺牲精神的真实体现。

罗汉坪军工烈士纪念塔为河北省第五批省级文物保护单位（图2-36-1～图2-36-3）。

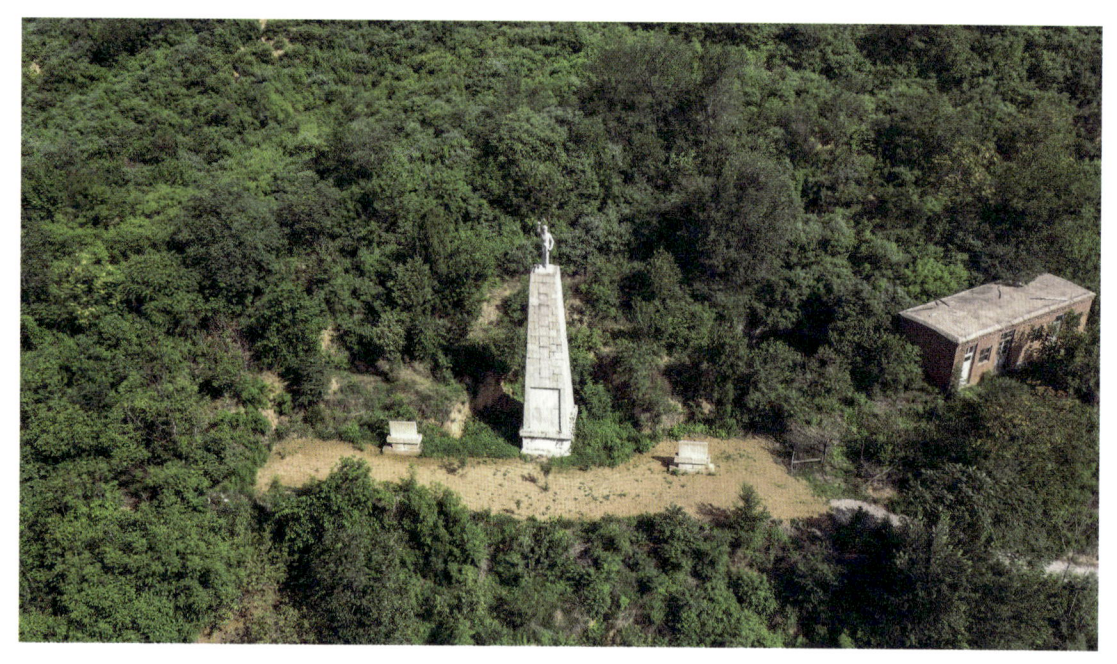

图 2-36-2　罗汉坪军工烈士纪念塔新塔全景（由东南向西北拍摄）

图 2-36-3　罗汉坪军工烈士纪念塔新塔塔基浮雕（由东南向西北拍摄）

37. 挂云山六壮士跳崖遗址

挂云山六壮士跳崖遗址位于石家庄市井陉县威州镇三峪村东1.5公里的挂云山山顶。1988年，井陉县政府在烈士就义处筹建"烈士纪念亭"一座，纪念亭为六角、重檐，钢筋混凝土结构，亭中立石质纪念碑，碑身为六棱柱形，顶部收为尖顶六棱锥形。碑身各面刻有杨成武、刘道生、臧伯平、刘澜涛等老一辈革命家的题词。

1940年秋，百团大战第一阶段告捷，井陉战场八路军奉命转移，但敌人尾追不舍。为掩护大部队安全转移，井平抗日游击队中队长李鸿山

图 2-37-1 挂云山六壮士跳崖遗址全景（由东南向西北拍摄）

命令把敌人引到挂云山上。9月5日晚，县一区妇救会主任、武装部长吕秀兰率基干队、青抗队、儿童团及部分群众到挂云山配合战斗。6日，3000多日伪军攻击挂云山。由于敌我力量悬殊，抵挡不住敌人的疯狂进攻，激战中，中队长李鸿山中弹牺牲，战士李芳芳拉响最后一颗手榴弹与敌人同归于尽，剩下的吕秀兰、李书祥、康三堂、刘贵子、康英英、康二旦面对敌人重重包围，终因弹尽粮绝，被逼到悬崖边，砸碎枪支，跳崖牺牲。挂云山六壮士跳崖遗址见证了革命战士和广大群众团结一心、坚决抗日、敢于牺牲的大无畏精神，具有重要的教育和纪念价值。

挂云山六壮士跳崖遗址为河北省第五批省级文物保护单位（图2-37-1～图2-37-3）。

图2-37-2　挂云山烈士纪念碑（由西向东拍摄）

图2-37-3　北侧烈士跳崖处（由东北向西南拍摄）

38. 狼牙山五勇士跳崖处

狼牙山五勇士跳崖处位于保定市易县狼牙山镇东西水村北棋盘坨的牛角壶峰巅，海拔803米，这里三面绝壁，异常险要。狼牙山五勇士纪念塔位于狼牙山峰顶棋盘坨，距五勇士跳崖处直线距离1070米，始建于1942年9月，曾两次被破坏重修。现塔为1986年重修，塔高21米，五边形塔体，塔身正面刻有聂荣臻元帅题写的"狼牙山五勇士纪念塔"塔名。沿塔内钢梯可登塔顶五角凉亭，黄琉璃瓦顶，钢筋混凝土结构。纪念塔东侧建有小段游廊与东端五角亭相连，亭内立五棱石碑一座，分别刻有彭真、聂荣臻、杨成武等革命前辈的题词。

1941年9月，日寇纠集日、伪军2000余人对狼牙山地区进行疯狂扫荡。为了掩护机关人员、群众和团主力部队转移，八路军第1军分区司令员杨成武命令1团7连利用天险地形，守住阵地，而后伺机突围。党政机关、群众和团主力部队安全转移后，7连主力开始向外撤离，7连6班奉命继续掩护作战。9月25日，500多名日伪军向狼牙山发起进攻，6班战士马

图 2-38-1　五勇士跳崖处全景（由西北向东南拍摄）

图 2-38-2　五勇士跳崖处（由东南向西北拍摄）

图 2-38-3　五勇士跳崖处——狼牙山五勇士纪念塔全景（由东南向西北拍摄）

马宝玉、胡福才、胡德林、葛震林、宋学义坚定沉着、利用有利地形奋勇还击，在打退敌人的4次冲锋后，开始后撤。为了不暴露部队的转移路线，5位战士在岔路口毅然选择撤向棋盘坨顶峰，把敌人引上山崖，并与敌人展开殊死搏斗。五位勇士英勇阻击，机智诱敌，最后终因弹药尽绝，寡不敌众，纵身跳下悬崖。葛震林、宋学义被悬崖上的树枝挂住，后被游击队救起，幸免于难，其他三位勇士以身殉国。

五勇士在战斗中表现出顽强不屈的牺牲精神，表现出中国共产党领导的人民军队和中华民族不可征服的大无畏英雄气概，是当代及后世学习的榜样，激励人们勿忘国耻，为振兴中华而奋斗。

狼牙山五勇士跳崖处为河北省第二批省级文物保护单位、河北省爱国主义教育基地，第一批国家级抗战纪念设施、遗址（图2-38-1～图2-38-6）。

图2-38-4　狼牙山五勇士纪念塔石碑题词（由西南向东北拍摄）

图2-38-5　狼牙山五勇士陈列馆

图2-38-6　狼牙山五勇士陈列馆展陈

39. 白求恩墓

　　白求恩墓位于石家庄市桥西区中山西路343号华北军区烈士陵园西侧，1953年3月15日，由唐县军城南关的晋察冀烈士陵园迁葬到此处。

　　白求恩，全名亨利·诺尔曼·白求恩（Henry Norman Bethune），1890年3月出生于加拿大安大略省格雷文赫斯特城，加拿大共产党员。为了帮助中国的抗日战争于1938年春来到中国，以精湛的医疗技术，为前线抗日军民服务，为中国人民的民族独立和解放事业做出了巨大贡献。1939年11月12日，因抢救伤员划破手指感染中毒，病逝在河北省唐县黄石口村，终年49岁。

　　白求恩墓设置于园内纪念碑西侧，坐西向东，由台基、墓体和墓顶三部分组成。台基石砌，长方形；墓体长3.1米、宽2.3米、高0.65米，南北两侧分别刻有毛主席《纪念白求恩》一文的部分摘录和白求恩的生平简介；墓顶半圆形，高1.4米，墓体和墓顶均为汉白玉质。墓前立汉白玉石碑，上刻"白求恩大夫之墓"。墓前广场中央高大的花岗岩石座上矗立着白求恩的汉白玉全身塑像，像高3米；墓体后方为白求恩故乡——

图 2-39-1　白求恩墓全景（由东向西拍摄）

加拿大国家文化主题壁雕，景墙主题材料选用花岗岩饰面，庄重简洁。南、北两侧副景墙雕刻纪念性图片和文字，记录白求恩大夫的个人经历、在华事迹及国际友人访华活动等；墓北侧建有白求恩纪念馆。

白求恩墓为河北省第二批省级文物保护单位，华北军区烈士陵园为全国爱国主义教育示范基地（图2-39-1～图2-39-3）。

图2-39-2　白求恩雕塑（由东向西拍摄）

图2-39-3　白求恩墓（由东南向西北拍摄）

图 2-40-1　柯棣华墓全景（由西向东拍摄）

40. 柯棣华墓

柯棣华墓位于石家庄市桥西区中山西路343号华北军区烈士陵园内，西侧与白求恩墓相对，1953年3月15日，由唐县军城南关的晋察冀烈士陵园迁葬到此处。

柯棣华，原名德瓦卡纳特·桑塔拉姆·柯棣尼斯（Dwarkanath S. Kotnis），1910年生于印度孟买拉普尔镇，毕业于格兰物医学院，1938年9月加入印度援华医疗队来华。在华期间，取印度名字前两个字，加上中华的"华"字，更名为柯棣华。1941年，任白求恩国际和平医院第一任院长，并于1942年7月7日加入中国共产党。他的高超医疗技术挽救了无数八路军和老百姓的生命，并为边区培养了大批医务工作者，终因积劳

图 2-40-2　柯棣华雕塑（由西向东拍摄）

成疾，抢救无效于1942年12月9日逝世于河北省葛公村，时年32岁。柯棣华之子柯印华于1965年因医疗事故去世，时年25岁，其骨灰经特批，也安放于华北烈士陵园内。

柯棣华墓坐东朝西，以柯棣华墓为中心，南侧为印度援华医疗队队长"爱德华博士纪念碑"，北侧为印度援华医疗队成员、印度"纪念柯棣华委员会"主席"巴苏大夫纪念碑"，三墓并排而立，坐落在长18.1米、宽14.7米、高0.8米的石砌台基上。柯棣华墓下半部为长方形花岗岩基座，上部为半圆形球体，底座两侧分别以中、英两种文字刻其生平简介，柯棣华墓广场中心塑2.7米高柯棣华全身像。

柯棣华墓为河北省第二批省级文物保护单位，华北军区烈士陵园为全国爱国主义教育示范基地（图2-40-1、图2-40-2）。

41. 华北制药厂办公楼

华北制药厂办公楼位于石家庄市长安区体育北大街、华药东街之间，和平东路南北两侧，包括北办公楼和南办公楼两部分。华北制药厂北办公楼坐北朝南，占地面积约5100平方米，建筑面积约19300平方米；华北制药厂南办公楼坐南朝北，与北区相对，占地面积约1800平方米，建筑面积约4700平方米。

华北制药厂于1953年6月开始筹备建设，经多地选址后，12月31日，国家计委正式发文批准抗生素厂、淀粉厂、玻璃厂建在石家庄，主要设备由苏联、民主德国供应，并派专家来华帮助建设。三个项目于1955～1956年间先后破土动工。1957年7月15日，淀粉厂投产。1958年3月13日，玻璃厂制造出第一批玻璃小瓶。1958年6月3日，华北制药厂生产的第一批青霉素正式下线。华北制药厂办公楼于1955年动工，1957年建成，是我国第一个五年计划期间156项重点工程项目之一。北办公楼平面呈"凹"字形，中间为中心楼，东西长约40米，高五层，平顶，中间两个高大拱形券门，两侧突出部分为四层平顶建筑。南办公楼平面布局为"凸"字形，中部突出，两侧前面凹回，后面凸出，中部拱券式大门，楼高三层，中部为东西坡顶，两侧为四坡顶建筑。

图 2-41-1　华北制药厂办公楼北区办公楼全景（由南向北拍摄）

华北制药厂办公楼是原苏联援建的生产抗生素的大型联合企业，是石家庄作为国家重点城市建设中重点项目中的标志性建筑。华北制药厂的建成投产改变了新中国缺医少药的状况，被誉为"新中国制药工业的摇篮"，开创了我国大规模生产抗生素的历史，结束了中国青霉素、链霉素依赖进口的局面，对新中国医药事业的发展和保障全国人民的健康需求具有极其重要的意义。

华北制药厂办公楼为河北省第五批省级文物保护单位（图2-41-1～图2-41-5）。

图 2-41-2　华北制药厂办公楼北区办公楼正门（由南向北拍摄）

图 2-41-3　华北制药厂办公楼北区办公楼二楼（由东北向西南拍摄）

图 2-41-4　华北制药厂办公楼南区办公楼全景（由北向南拍摄）

图 2-41-5　华北制药厂办公楼南区办公楼北侧正门（由北向南拍摄）

42．通二矿旧址

　　通二矿旧址即通顺二号井，位于邯郸市峰峰矿区西北部和村镇。1957年开工建井，1960年正式投产。通二矿是20世纪50年代原苏联援建的全国156个大型项目之一，至今完好保留了原苏联援建的主井井架、主井车房、主井绞车、副井井架、副井车房、运煤皮带机道、储煤楼、办公楼、机电科、翻砂车间、机工车间、钳工车间等完整的主、副井提升系统，原煤分拣和仓储系统等。主、副井均为立井绞车提升，主井采用箕斗提升，副井采用双码罐笼提升。主井架高34.75米、副井架高25.18米、井筒深434米。仓储系统，为当时砖混结构。通二矿完好地保留了原初的用途、功能、形制，具有典型的时代特征，在新中国的煤炭工业发展史、建设发展史上占有重要的地位。

　　通二矿旧址为河北省第六批省级文物保护单位（图2-42-1～图2-42-4）。

图 2-42-1　通二矿旧址全景（由西南向东北拍摄）

图 2-42-2　主井井架（由西北向东南拍摄）

图 2-42-3　副井车房（由西北向东南拍摄）

图 2-42-4　储煤楼内部

43. 河北省博物馆

河北省博物馆位于石家庄市长安区中山东路。主体建筑建于1968年，砖混结构，外观为仿人民大会堂廊柱式建筑，共用56根圆柱，从空中俯瞰，整个建筑呈"中"字形，东西各有一天井，主楼上下两层共18个展览大厅。建筑整体庄严朴素，气势恢宏。河北省博物馆原名"毛泽东思想胜利万岁展览馆"[①]，后改称"河北省展览馆"，1982年原河北省博物馆从保定古莲池迁至省会石家庄，借用河北省展览馆办公，并举办展览，1987年与原省博物馆合并，改建为河北省博物馆，2000年被评为河北省省会十大标志性建筑之一。2006年河北省博物馆扩建，2014年新河北博物院揭牌。

河北省博物馆为河北省第四批省级文物保护单位、第二批全国爱国主义教育示范基地、国家一级博物馆（图2-43-1～图2-43-4）。

图2-43-1　河北省博物馆全景（由北向南拍摄）

[①] "毛泽东思想胜利万岁展览馆"是"文革"时期出现的典型建筑之一，承载了几代人的记忆。兴建起因是：1967年北京举办了《毛泽东思想胜利万岁》大型图片展览后，1968年新成立的河北省革命委员会为了突出宣传毛泽东思想，决定在全省隆重筹办《毛泽东思想胜利万岁》大型图片展览，并在石家庄、唐山、邯郸、张家口和保定市兴建5座大型展览馆，其外观大部分是参照北京人民大会堂进行的设计。当时不仅在河北，全国许多城市都在建造毛泽东思想展览馆，各地建成后都统一命名为"毛泽东思想胜利万岁展览馆"。

图 2-43-2　河北省博物馆东立面（由东向西拍摄）

图 2-43-3　河北省博物馆二层（由北向南拍摄）

图 2-43-4　河北省博物馆与新馆连接处（由南向北拍摄）

44. "八〇二"军事演习观礼台

"八〇二"军事演习观礼台位于张家口市万全区万全镇盆窑村境内,东距万全右卫城2公里。总面积约13071平方米,由土方和石料修筑而成。"八〇二"军事演习观礼台随坡就沟,因地制宜,把土坡铲成台阶式,由东向西,由低到高,分别为第一观礼台、第二观礼台、第三观礼台、停车场。第一、第二观礼台之间有自然形成的冲沟。第一观礼台,位于整个观礼台东侧,面积约860平方米,地面铺卵石,分隔出12排,每排内又用卵石铺有菱形图案,观礼台南侧铺具有简单图案的卵石甬路;第二观礼台,位于第一观礼台西侧,面积约565平方米,地面原土压实。现观礼台上种植松树;第三观礼台,位于第二观礼台西侧,面积约2890平方米,地面原土压实,观礼台西侧有人工铺设的三条土坡,与西侧停车场相连,现观礼台上种植松树。第三观礼台高于第二观礼台;停车场,位于第三观礼台西侧,面积约12230平方米,地面原土压实,现种植松树。停车场低于第三观礼台。

图 2-44-1 "八〇二"军事演习观礼台全景

"八〇二"军事演习即人民解放军华北大演习。演习于1981年9月14日至19日在华北张家口北部地区举行，这是中华人民共和国成立以后举行的规模最大、投入兵力最多、现代化程度最高的一次实兵演习，在当时的国内和国际上都产生了广泛而深刻的影响，具有重要的政治意义和军事意义。此次演习背景是，中国正值改革开放之初，国际国内形势发

图 2-44-2　"八〇二"军事演习观礼台第一观礼台

图 2-44-3　"八〇二"军事演习观礼台第二观礼台北侧

图2-44-4 "八〇二"军事演习观礼台北侧演习区域

生重大变化,中国面临着霸权主义的威胁,作好反侵略战争准备,保证改革开放的顺利推进,是人民解放军面临的紧迫任务。经过"文化大革命"后,人民解放军建设、发展遭到严重破坏,有着400多万人的军队,应有的训练几乎全被政治运动所替代,全训部队不足30%。由邓小平亲自决策的此次"八〇二"军事演习,摸索了现代条件下诸军兵种协同作战的经验,展示了人民军队向现代化迈进的英姿,也拉开了中国军队走精兵之路的序幕。国外的一些观察家纷纷评论说,这是"一次精彩的演习"、"是人民解放军最盛大的一次显示力量"。1981年9月19日,中央军委主席邓小平同志在检阅完部队以后,发表了重要讲话。他指出,必须把我军建设成为一支强大的现代化、正规化的革命军队。这一总目标的提出,科学地回答了新时期建设一支什么样的军队的重大问题。

"八〇二"军事演习观礼台为河北省第四批省级文物保护单位(图2-44-1~图2-44-4)。

叁
市县级文物保护单位

1. 华北人民政府旧址

华北人民政府旧址位于石家庄市平山县王子村内，原由27处旧址院落组成，现保留原旧址格局或建筑本体的院落仅存13处。旧址大部分建于20世纪二三十年代，为砖、石、土坯、木结构，多为平顶房，少量为坡顶房，布局以三合院、四合院为主。1948年5月，晋察冀和晋冀鲁豫两个边区政府合并成立华北联合行政委员会，8月，召开华北临时人民代表大会。1948年9月26日，华北人民政府在王子村宣布成立，选举董必武为政府主席，薄一波、蓝公武、杨秀峰为副主席。华北人民政府建立了较完善的政府机构，设秘书厅、民政部、教育部、财政部、工商部、农业部、公营企业部、交通部、卫生部、公安部、司法部、劳动局、华北财经委员会、华北水利委员会、华北人民法院、华北人民监察院等机构。1949年2月，华北人民政府开始由平山迁驻北平。1949年10月28日，华北人民政府发布《华北人民政府结束工作的公告》，至此华北人民政府胜利完成了历史赋予的任务。

华北人民政府成立之初就把支援前线和发展生产作为两大重要任务，为取得解放战争的胜利做出了重要贡献。华北人民政府积极探索，为新民主主义的政权建设以及经济、文化、教育、法治等各领域建设积累了宝贵经验，为新中国中央人民政府的成立和各项制度的确立和完善奠定了坚实基础，被誉为新中国中央人民政府的雏形。

华北人民政府旧址为平山县文物保护单位（图3-1-1～图3-1-11）。

下编　重要或代表性革命旧址

华北人民政府旧址

文物分布图

图例：

旧址院落

1. 政府办公室
2. 秘书厅旧址
　（北院机要科、南院文书科）
3. 公安部旧址
4. 华北财经委员会旧址
5. 华北水利委员会旧址
6. 教育部旧址
7. 财政部旧址
8. 农业部旧址
9. 卫生部旧址
10. 工商部旧址
11. 劳动部旧址
12. 电话总局旧址
13. 后勤总务处旧址

图 3-1-1　华北人民政府旧址院落分布图

图 3-1-2　财经委旧址

图 3-1-3　财政部旧址

图 3-1-4　电话总局旧址

图 3-1-5　工商部旧址

图 3-1-6　公安部秘书厅旧址

图 3-1-7　教育部旧址

图 3-1-8　秘书厅旧址

图 3-1-9　农业部旧址

图 3-1-10　水利委员会旧址

图 3-1-11　总务处旧址

图 3-2-1　中共中央华北局城市工作部旧址全景（由南向北拍摄）

2．中共中央华北局城市工作部旧址

　　中共中央华北局城市工作部旧址位于沧州市泊头市胜利街北端，旧址坐西朝东，占地面积约920平方米，由正房、南北厢房组成的"凹"字形建筑和东房组成，原系山西商人于清末建造。

　　1948年2月，晋察冀中央局城市工作部从沧县迁至泊头，5月，随着晋察冀中央局和晋冀鲁豫中央局的合并，更名为中共中央华北局城市工作部。从1941年1月至1948年12月，城市工作部共转移13个驻地，此处为唯一保存完好的、也是最后一处驻地。中共中央华北局城市工作部是领导敌占城市地下斗争的首脑机构，它为指导北平、天津地下党工作，配合解放和接管平津两大城市做出了重要贡献。

　　中共中央华北局城市工作部旧址为沧州市文物保护单位、河北省爱国主义教育基地（图3-2-1～图3-2-3）。

图 3-2-2　中共中央华北局城市工作部旧址大门（由南向北拍摄）

图 3-2-3　中共中央华北局城市工作部旧址院落（由东向西拍摄）

3. 晋察冀边区银行旧址

1935年11月，国民党实行了"法币"政策，禁止现银流通，"法币"成为当时中国唯一合法流通的货币。抗日战争爆发后，晋察冀三省先后沦陷，日寇大量吸收法币，以便窃取外汇，掠夺物资，富商大户携款也相继逃往后方，市场上流通的"法币"大为减少，严重影响了商品的交换，造成华北各省开始自行发行钞票，使得华北金融异常紊乱，货币极为复杂，省有省钞，县有县票，互不流通，产生货币金融割据态势，严重地影响了晋察冀边区的物资交流和贸易的畅通。1938年1月在晋察冀边区军政民第一次代表大会上，各县农会代表提出了成立边区银行，发行统一货币的提案。根据边区人民的迫切要求，晋察冀边区军政民第一次代表大会通过了《边区为统制与建设经济得设立银行发行钞票决议案》。于当年3月20日在五台县石嘴村正式成立了"晋察冀边区银行"，经理关学文，副经理胡作宾，总行设有发行科、出纳科、会计科、营业科、秘书室、文书股、庶务股、运输队和警卫队。晋察冀边区

图 3-3-1　1940年晋察冀边区银行成立两周年大会在阜平县麻棚村召开

图 3-3-2　晋察冀边区银行成立三周年会议旧址鸟瞰

银行成立后曾多次转移，从石嘴村转移至完县（今顺平县）杨家台，后又转移至阜平县的上庄村，1940年初迁至阜平县麻棚村，召开了晋察冀边区银行成立两周年大会。1941年初，迁至灵寿县南枪杆村，召开了晋察冀边区银行成立三周年大会。以后，又辗转至平山王家湾，又到灵寿县的大湾村、东寺岭村、南刁窝村、魏沟村。随着战争形势变化，后又迁到阜平县双庙村，最后到闸北村，银行在此进行了缩编，从1944年3月缩编到1945年9月，是边区银行的缩编期，缩编后边区银行仅剩几人，并入晋察冀边区政府财政处，由时任处长张苏兼任银行经理。1945年8月15日，抗日战争胜利后，9月晋察冀边区银行进行了重组，到1948年7月与冀南银行合并成立华北银行，这是晋察冀边区银行的重组转型期，边区银行经理又恢复为关学文。1948年12月1日，华北银行、北海银行、西北农民银行三行合并,成立了中国人民银行,开始履行国家中央银行的经济职能。1983年9月,国务院决定中国人民银行专门行使国家中央银行职能。1995年3月18日,第八届全国人民代表大会第三次会议通过了《中华人民共和国中国人民银行法》,中国人民银行作为中央银行以法律形式被确定下来(图3-3-1～图3-3-4)。

图 3-3-3 晋察冀边区银行成立三周年会议旧址一进院倒座

图 3-3-4 晋察冀边区银行成立三周年会议旧址二进院正房

4. 晋察冀边区印刷局旧址

晋察冀边区印刷局旧址分布于灵寿县的庙台村、油盆村和阜平县的大东沟村内。晋察冀边区印刷局成立前原为晋察冀边区银行印刷部，成立时全称"晋察冀边区行政委员会财政处印刷局"（以下简称印刷局），于1938年6月在山西省五台县门限石村成立，其前身为人民自卫军军需处印刷所。第一次反"扫荡"胜利后，印刷局于1939年七八月间辗转至灵寿县油盆村一带。油盆一带地处灵寿县、平山县、阜平县、五台县四县交界处，包括庙台、油盆、大西沟、大东沟四个村庄，此地倚太行山脉，群山耸立，东南面大崖山，西南面五岳寨，海拔均在1500米以上，地势险要难以攀爬，正南偏西的漫山岭在此形成天然屏障。随着敌后游击战争的广泛开展，根据地迅速扩大，财政经济工作日益繁重，对边币的印刷发行提出了更高的要求，印刷局在动荡中大发展，进入了比较系统的建设阶段，也是自印刷局成立后迎来的第一个繁荣发展时期，即"油盆时期"。在此时期，上级机关对印刷局的机构、领导体制进行了调整，将晋察冀银行和冀中分行的加印部划归印刷局管理，同时将在完县（今顺平县）的冀中印刷分局也一并划归印刷局管辖，印刷局改称晋察冀边区印刷总局，总局局长吕东，副局长罗琪、解奇霄。晋察冀边区印刷总局行政上继续归晋察冀边区行政委员会财政处管理，党的工作则直属于中共北方分局领导。总局管理机构设有：庶务科、会计科、材料科、采购站、产品收发科、检查科（产品质量）、警卫队、卫生所等。总局下设一、二、三分局，分别驻扎在黄土台村[①]、大东沟村、大西沟村。另有裁切队（一队）、签字号码队（二队）、运输队和管理机构驻扎在油盆村。晋察冀边区印刷总局在"油盆时期"发展到600多人，除了完成印制边币的生产任务之外，还为冀南银行和西北农民银行印制伍圆、壹圆、伍角等面额钞票，有力地支持了其他根据地的经济建设，为抗日战争做出了不可磨灭的贡献。在1941年秋季反"扫荡"中，晋察冀边区印刷总局接到上级指示后，带领各分局转移至平山县苍蝇沟一带，从此，印刷局进入的发展艰苦时期。在1943年秋季反"扫荡"中，印刷

[①] 庙台原名黄土台。抗战时期，晋察冀边区印刷局为了保证的安全生产，迷惑敌人，把油盆村改名"李家沟"，黄土台改名"庙台"，大西沟改名"石家寨"，附近的板房村改名"新庄儿"。敌人多次派人侦察对照地图上的村名核实，准备派飞机去轰炸或派重兵围剿，但始终不能对上号，找不到印刷局的所在地，印刷局因此免遭破坏。现只有庙台村改名后沿用至今。

局暂时分散转移至山西省繁峙县砂河地区一带。12月15日，历时3个月的反"扫荡"胜利后，印刷局又奉命返回平山原址，后又迁至水磨湾一带继续生产。抗日战争胜利后，从1945年8月下旬至11月初，晋察冀边区印刷局分三批次从平山水磨湾村迁至张家口市，局址设在长青路，至此，晋察冀边区印刷局进入第二个兴旺发展时期。1946年6月国民党发动内战进攻解放区，从9月下旬开始至12月下旬，印刷局分三批撤至阜平县南峪村一带，重新建立生产基地。1948年7月晋察冀边区银行和冀南银行合并成立了华北银行，晋察冀边区印刷局奉命改称华北银行第一印刷局，隶属华北银行管理。1948年12月1日中国人民银行成立后，又改称为中国人民银行第一印刷局，隶属中国人民银行领导，并在当日开始印制新版人民币。1949年北平和平解放后，迁入北平并入中国人民印刷厂。1980年，国务院批准成立中国人民银行印制总公司。1992年，更名为中国印钞造币总公司。2021年12月20日，经中国人民银行批准，变更为中国印钞造币集团有限公司，直属于中国人民银行，成了全球最大的货币服务商（图3-4-1～图3-4-14）。

图3-4-1　晋察冀边区印刷区旧址分布图

图 3-4-2　晋察冀边区印刷区旧址全景（油盆村）

图 3-4-3　晋察冀边区印刷区旧址局部（油盆村） 　　图 3-4-4　晋察冀边区印刷区旧址局部（油盆村）

图 3-4-5　晋察冀边区印刷区旧址局部（油盆村） 　　图 3-4-6　晋察冀边区印刷区旧址局部（油盆村）

图 3-4-7　晋察冀边区印刷区旧址全景（庙台村）

图 3-4-8　晋察冀边区印刷区旧址局部（庙台村）

图 3-4-9　晋察冀边区印刷区旧址局部（庙台村）

图 3-4-10　晋察冀边区印刷区旧址全景（大东沟村）

图 3-4-11　晋察冀边区印刷区旧址一进院倒座（大东沟村）

图 3-4-12　晋察冀边区印刷区旧址一进院东厢房（大东沟村）

图 3-4-13　晋察冀边区印刷区旧址一进院过厅（大东沟村）

图 3-4-14　晋察冀边区印刷区旧址二进院正房（大东沟村）

附录一 《河北省文物局关于公布河北省革命文物名录（第一批）的通知》文件

河北省文物局文件

冀文物发〔2021〕39号

河北省文物局
关于公布河北省革命文物名录（第一批）的通知

各相关设区市（含定州、辛集）文物（文化广电和旅游）局，雄安新区管委会公共服务局，省直各文博单位：

为贯彻落实省委办公厅、省政府办公厅《河北省革命文物保护利用工程（2018——2022年）实施方案》，按照国家文物局《关于开展革命文物名录公布工作的通知》（文物革函〔2020〕395号）要求，我局组织对全省范围内不可移动革命文物和国有可移动革命文物进行了排查、核定。经研究，并征询相关部门意见，现公布河北省革命文物名录（第一批），包括各级文物保护单位595处，珍贵文物10302件（套）。

请你们切实提高政治站位，以本次革命文物名录公布为契机，扎实做好本地区革命文物保护利用工作，提升革命文物保护利用水平；加强革命史实研究和革命文物价值挖掘，持续开展革命文物调查、认定工作，进一步核定革命文物构成，夯实革命文物保护利用基础。

我局将根据工作实际，依据各地革命文物调查、认定结果，陆续分批公布我省革命文物名录。

附件：1. 河北省不可移动革命文物名录（第一批）
      2. 河北省可移动革命文物名录（第一批）

河北省文物局
2021年2月26日

公开形式：主动公开
河北省文物局办公室　　　　　2021年2月26日印发

附录二　河北省不可移动革命文物名录（第一批）

序号	行政区域 市名	行政区域 县名	名称	级别	备注
	石家庄市133处					
1	石家庄市	长安区	河北省博物馆	省级文物保护单位	
2	石家庄市	长安区	华北制药厂办公楼	省级文物保护单位	
3	石家庄市	桥西区	柯棣华墓	省级文物保护单位	
4	石家庄市	桥西区	石家庄市政府交际处309号院旧址	省级文物保护单位	
5	石家庄市	桥西区	白求恩墓	省级文物保护单位	
6	石家庄市	新华区	中国人民银行总行旧址	全国重点文物保护单位	
7	石家庄市	新华区	懋华亭	省级文物保护单位	
8	石家庄市	新华区	正太饭店	省级文物保护单位	
9	石家庄市	新华区	合作路81号院	省级文物保护单位	
10	石家庄市	新华区	石家庄大石桥	省级文物保护单位	
11	石家庄市	井陉矿区	井陉煤矿总办大楼	省级文物保护单位	
12	石家庄市	井陉矿区	中央人民广播电台旧址	省级文物保护单位	
13	石家庄市	藁城区	三邱地道战遗址	县级文物保护单位	
14	石家庄市	藁城区	藁城县烈士陵园	县级文物保护单位	
15	石家庄市	藁城区	藁城县第二区烈士亭	县级文物保护单位	迁入藁城县烈士陵园
16	石家庄市	藁城区	正藁县第三区烈士亭	县级文物保护单位	迁入藁城县烈士陵园
17	石家庄市	鹿泉区	崔子平烈士纪念碑	县级文物保护单位	
18	石家庄市	鹿泉区	宜安抗日地道遗址	县级文物保护单位	
19	石家庄市	栾城区	赵家庄革命烈士墓	县级文物保护单位	
20	石家庄市	井陉县	挂云山六壮士跳崖遗址	省级文物保护单位	
21	石家庄市	井陉县	华北育才小学旧址	省级文物保护单位	
22	石家庄市	井陉县	乏驴岭铁桥	省级文物保护单位	
23	石家庄市	井陉县	洪河槽村聂荣臻指挥部旧址	省级文物保护单位	
24	石家庄市	正定县	华北大学旧址	省级文物保护单位	
25	石家庄市	正定县	马家坟伏击战遗址	县级文物保护单位	
26	石家庄市	正定县	付家村烈士纪念碑	县级文物保护单位	
27	石家庄市	正定县	里双店烈士碑	县级文物保护单位	
28	石家庄市	正定县	刘傻子塔	县级文物保护单位	
29	石家庄市	正定县	固营烈士陵园	县级文物保护单位	
30	石家庄市	正定县	赵生明烈士纪念碑	县级文物保护单位	
31	石家庄市	正定县	高平地道战遗址	县级文物保护单位	
32	石家庄市	正定县	反讨赤捐大示威集合点	县级文物保护单位	
33	石家庄市	行唐县	行唐县抗日烈士纪念塔	省级文物保护单位	
34	石家庄市	行唐县	南桥抗战烈士纪念牌	县级文物保护单位	
35	石家庄市	灵寿县	陈庄歼灭战旧址	省级文物保护单位	
36	石家庄市	灵寿县	西城南烈士纪念碑（原五区烈士纪念碑）	县级文物保护单位	
37	石家庄市	灵寿县	朱食烈士纪念碑（原六区烈士纪念碑）	县级文物保护单位	
38	石家庄市	灵寿县	慈峪烈士碑群	县级文物保护单位	
39	石家庄市	灵寿县	青廉烈士公墓	县级文物保护单位	

281

续表

序号	行政区域 市名	行政区域 县名	名称	级别	备注
40	石家庄市	灵寿县	大庄上烈士公墓	县级文物保护单位	
41	石家庄市	灵寿县	特等功臣刘铁妮纪念碑及墓	县级文物保护单位	
42	石家庄市	灵寿县	晋察冀边区政府被服厂旧址	县级文物保护单位	
43	石家庄市	灵寿县	晋察冀边区医院旧址	县级文物保护单位	
44	石家庄市	灵寿县	晋察冀边区政府机要室旧址	县级文物保护单位	
45	石家庄市	灵寿县	晋察冀边区通讯班旧址	县级文物保护单位	
46	石家庄市	灵寿县	晋察冀边区银行金库旧址	县级文物保护单位	
47	石家庄市	灵寿县	晋察冀边区粮库旧址	县级文物保护单位	
48	石家庄市	灵寿县	晋察冀边区侦察排宿舍旧址	县级文物保护单位	
49	石家庄市	灵寿县	晋察冀边区印刷局食堂旧址	县级文物保护单位	
50	石家庄市	灵寿县	晋察冀边区银行造币车间	县级文物保护单位	
51	石家庄市	灵寿县	晋察冀边区印刷局吕东、罗琪宿舍旧址	县级文物保护单位	
52	石家庄市	灵寿县	晋察冀边区银行宿舍旧址	县级文物保护单位	
53	石家庄市	灵寿县	晋察冀边区银行旧址	县级文物保护单位	
54	石家庄市	灵寿县	晋察冀边区印刷局伙房旧址	县级文物保护单位	
55	石家庄市	灵寿县	晋察冀边区印刷局运输队旧址	县级文物保护单位	
56	石家庄市	灵寿县	晋察冀边区印刷局庶务科旧址	县级文物保护单位	
57	石家庄市	灵寿县	晋察冀边区印刷局电话班旧址	县级文物保护单位	
58	石家庄市	灵寿县	晋察冀边区印刷局旧址	县级文物保护单位	
59	石家庄市	灵寿县	晋察冀边区印刷局宿舍旧址	县级文物保护单位	
60	石家庄市	灵寿县	晋察冀边区工兵连旧址	县级文物保护单位	
61	石家庄市	灵寿县	晋察冀军区战地医院旧址	县级文物保护单位	
62	石家庄市	灵寿县	晋察冀军区战地法庭旧址	县级文物保护单位	
63	石家庄市	灵寿县	晋察冀军区战地指挥部旧址	县级文物保护单位	
64	石家庄市	灵寿县	晋察冀军区战地食堂旧址	县级文物保护单位	
65	石家庄市	灵寿县	晋察冀军区战地通信班旧址	县级文物保护单位	
66	石家庄市	灵寿县	晋察冀军区战地弹药库旧址	县级文物保护单位	
67	石家庄市	灵寿县	晋察冀边区政府事业科旧址	县级文物保护单位	
68	石家庄市	灵寿县	抗大二分校孙毅故居	县级文物保护单位	
69	石家庄市	灵寿县	晋察冀边区银行第三次会议旧址	县级文物保护单位	
70	石家庄市	灵寿县	晋察冀边区报社旧址	县级文物保护单位	
71	石家庄市	灵寿县	抗大二分校宿舍旧址	县级文物保护单位	
72	石家庄市	灵寿县	炮兵营打靶训练场	县级文物保护单位	
73	石家庄市	灵寿县	八路军被服洞	县级文物保护单位	
74	石家庄市	高邑县	河村烈士墓	县级文物保护单位	
75	石家庄市	高邑县	武城烈士墓	县级文物保护单位	
76	石家庄市	深泽县	深泽永济桥	省级文物保护单位	
77	石家庄市	深泽县	大直要烈士纪念塔	县级文物保护单位	
78	石家庄市	深泽县	回民支队烈士纪念碑	县级文物保护单位	
79	石家庄市	深泽县	故城烈士纪念塔	县级文物保护单位	
80	石家庄市	赞皇县	冀西太行一分区司令部	县级文物保护单位	
81	石家庄市	赞皇县	长沙烈士纪念碑亭	县级文物保护单位	
82	石家庄市	赞皇县	高忠烈士碑	县级文物保护单位	迁入赞皇烈士陵园

续表

序号	行政区域 市名	行政区域 县名	名称	级别	备注
83	石家庄市	赞皇县	王吉更烈士碑	县级文物保护单位	迁入赞皇烈士陵园
84	石家庄市	赞皇县	赵堡村烈士碑	县级文物保护单位	
85	石家庄市	赞皇县	南邢郭烈士碑	县级文物保护单位	迁入赞皇烈士陵园
86	石家庄市	无极县	无极烈士陵园	县级文物保护单位	
87	石家庄市	无极县	高克谦烈士墓碑	县级文物保护单位	
88	石家庄市	无极县	解学海革命烈士墓碑	县级文物保护单位	
89	石家庄市	平山县	西柏坡中共中央旧址	全国重点文物保护单位	
90	石家庄市	平山县	沕沕水电厂旧址	省级文物保护单位	
91	石家庄市	平山县	罗汉坪军工烈士纪念塔	省级文物保护单位	
92	石家庄市	平山县	晋察冀边区五团革命烈士墓	县级文物保护单位	
93	石家庄市	平山县	周建屏烈士墓	县级文物保护单位	
94	石家庄市	平山县	韩增丰烈士墓	县级文物保护单位	
95	石家庄市	平山县	岗南惨案烈士纪念塔	县级文物保护单位	
96	石家庄市	平山县	齐计三、齐子才烈士纪念碑	县级文物保护单位	
97	石家庄市	平山县	南古月烈士纪念碑	县级文物保护单位	
98	石家庄市	平山县	下三家店烈士纪念碑	县级文物保护单位	
99	石家庄市	平山县	缑家庄反扫荡纪念碑	县级文物保护单位	
100	石家庄市	平山县	滚龙沟晋察冀日报社旧址	县级文物保护单位	
101	石家庄市	平山县	辛庄惨案纪念亭（烈士陵园）	县级文物保护单位	
102	石家庄市	平山县	河渠解放石家庄烈士陵园	县级文物保护单位	
103	石家庄市	平山县	铁牛山伏击战遗址	县级文物保护单位	
104	石家庄市	平山县	温塘中共中央机关浴池遗址	县级文物保护单位	
105	石家庄市	平山县	韩丁村中共北方分局旧址	县级文物保护单位	
106	石家庄市	平山县	东苇园聂荣臻旧居	县级文物保护单位	
107	石家庄市	平山县	土楼晋察冀边区二分区政治部旧址	县级文物保护单位	
108	石家庄市	平山县	拦道石晋察冀边区政府旧址	县级文物保护单位	
109	石家庄市	平山县	蛟潭庄白求恩旧居	县级文物保护单位	
110	石家庄市	平山县	华北人民政府旧址	县级文物保护单位	
111	石家庄市	平山县	中共北方分局第二次党代会（苍蝇沟会议）旧址	县级文物保护单位	
112	石家庄市	平山县	人民日报社创刊旧址	县级文物保护单位	
113	石家庄市	平山县	戎冠秀故居	县级文物保护单位	
114	石家庄市	平山县	付喜祥、付心子、张吉烈士墓、碑	县级文物保护单位	
115	石家庄市	平山县	晋察冀军区司令部旧址	县级文物保护单位	
116	石家庄市	平山县	平山团成立地旧址	县级文物保护单位	
117	石家庄市	平山县	胜利桥纪念塔、亭	县级文物保护单位	
118	石家庄市	平山县	引岗渠群英渡槽	县级文物保护单位	
119	石家庄市	赵县	赵县烈士陵园	县级文物保护单位	
120	石家庄市	赵县	范庄革命烈士纪念碑	县级文物保护单位	
121	石家庄市	赵县	新寨店革命烈士纪念碑	县级文物保护单位	
122	石家庄市	赵县	谢庄革命烈士纪念碑	县级文物保护单位	
123	石家庄市	赵县	沙河店革命烈士纪念碑	县级文物保护单位	
124	石家庄市	赵县	大石桥革命烈士纪念碑	县级文物保护单位	
125	石家庄市	新乐市	晋察冀爆炸英雄李混子制雷旧址	省级文物保护单位	

续表

序号	行政区域 市名	行政区域 县名	名称	级别	备注
126	石家庄市	新乐市	新乐县第二区南累头烈士纪念碑	县级文物保护单位	
127	石家庄市	新乐市	新乐县第二区东五楼烈士纪念碑	县级文物保护单位	
128	石家庄市	新乐市	新乐县第三区烈士纪念碑	县级文物保护单位	
129	石家庄市	新乐市	新乐县第四区烈士纪念碑	县级文物保护单位	
130	石家庄市	新乐市	新乐县第五区烈士纪念碑	县级文物保护单位	
131	石家庄市	新乐市	新乐市第六区烈士纪念碑	县级文物保护单位	
132	石家庄市	新乐市	新乐县烈士纪念碑	县级文物保护单位	2012年被盗，2018年重新树立
133	石家庄市	新乐市	晋察冀爆炸英雄李混子制雷旧址纪念碑亭	县级文物保护单位	
唐山市23处					
1	唐山市	开平区	马家沟矿老矿井	县级文物保护单位	
2	唐山市	丰润区	冀东二十五县烈士陵园与抗战胜利纪念楼	省级文物保护单位	
3	唐山市	丰润区	岩口抗日暴动纪念碑	县级文物保护单位	
4	唐山市	丰润区	杨家铺烈士陵园	县级文物保护单位	
5	唐山市	丰润区	于辛庄烈士陵园	县级文物保护单位	
6	唐山市	丰润区	河浃溜烈士陵园	县级文物保护单位	
7	唐山市	滦南县	高小安烈士纪念亭	县级文物保护单位	
8	唐山市	乐亭县	李大钊故居	全国重点文物保护单位	
9	唐山市	乐亭县	乐亭县革命烈士纪念馆	县级文物保护单位	
10	唐山市	迁西县	喜峰口长城抗战旧址	省级文物保护单位	
11	唐山市	迁西县	魏春波故居	市级文物保护单位	
12	唐山市	迁西县	王平陆烈士纪念亭	县级文物保护单位	
13	唐山市	玉田县	江浩故居	省级文物保护单位	
14	唐山市	玉田县	玉田县宝山烈士陵园	县级文物保护单位	
15	唐山市	遵化市	救国报社旧址	市级文物保护单位	
16	唐山市	遵化市	洪麟阁故居	市级文物保护单位	
17	唐山市	遵化市	鸡冠山烈士洞	县级文物保护单位	
18	唐山市	迁安市	毛家洼烈士纪念碑	县级文物保护单位	
19	唐山市	迁安市	建昌营革命烈士纪念碑	县级文物保护单位	
20	唐山市	迁安市	木厂口烈士纪念碑	县级文物保护单位	
21	唐山市	迁安市	北屯烈士纪念碑	县级文物保护单位	
22	唐山市	迁安市	张家峪烈士陵园	县级文物保护单位	
23	唐山市	滦州市	辛亥滦州起义旧址	市级文物保护单位	
秦皇岛市8处					
1	秦皇岛市	海港区	临渝县委遗址	县级文物保护单位	
2	秦皇岛市	山海关区	山海关烈士陵园	市级文物保护单位	
3	秦皇岛市	山海关区	北街招待所	县级文物保护单位	
4	秦皇岛市	抚宁区	大新寨烈士纪念碑	县级文物保护单位	
5	秦皇岛市	抚宁区	台营烈士纪念碑	县级文物保护单位	
6	秦皇岛市	抚宁区	惠上天烈士纪念碑	县级文物保护单位	
7	秦皇岛市	昌黎县	韩文公祠	省级文物保护单位	
8	秦皇岛市	昌黎县	杏树园烈士陵园	市级文物保护单位	

附录二　河北省不可移动革命文物名录（第一批）

续表

序号	行政区域		名称	级别	备注
	市名	县名			
邯郸市113处					
1	邯郸市	邯山区	左权将军墓	全国重点文物保护单位	
2	邯郸市	邯山区	晋冀鲁豫烈士陵园	省级文物保护单位	
3	邯郸市	邯山区	小隐豹烈士公墓	市级文物保护单位	
4	邯郸市	邯山区	南泊烈士墓	县级文物保护单位	
5	邯郸市	丛台区	邯郸展览馆建筑群	省级文物保护单位	
6	邯郸市	峰峰矿区	山底抗日地道遗址	省级文物保护单位	
7	邯郸市	峰峰矿区	通二矿旧址	省级文物保护单位	
8	邯郸市	峰峰矿区	西王看抗日地道	市级文物保护单位	
9	邯郸市	峰峰矿区	和村万人坑烈士公墓	市级文物保护单位	
10	邯郸市	峰峰矿区	磁县第一次党代会谷驼旧址	县级文物保护单位	
11	邯郸市	肥乡区	烈士陵园	市级文物保护单位	
12	邯郸市	永年区	陈七方烈士纪念碑亭	县级文物保护单位	
13	邯郸市	永年区	李庆华烈士墓	县级文物保护单位	
14	邯郸市	临漳县	平汉战役旧址	县级文物保护单位	
15	邯郸市	成安县	邯郸战役革命烈士墓群	省级文物保护单位	
16	邯郸市	成安县	毛泽东主席视察纪念馆	市级文物保护单位	
17	邯郸市	成安县	成安抗日纪念馆	市级文物保护单位	
18	邯郸市	成安县	李青云革命烈士纪念碑	县级文物保护单位	
19	邯郸市	成安县	革命烈士纪念碑（营盘）	县级文物保护单位	
20	邯郸市	成安县	刘逊烈士纪念碑	县级文物保护单位	
21	邯郸市	成安县	陈绍烈士纪念碑	县级文物保护单位	
22	邯郸市	成安县	任落锁烈士纪念碑	县级文物保护单位	
23	邯郸市	成安县	曲村烈士纪念碑	县级文物保护单位	
24	邯郸市	成安县	寻兆林烈士纪念碑	县级文物保护单位	
25	邯郸市	大名县	郭隆真纪念碑	市级文物保护单位	
26	邯郸市	大名县	谢台臣纪念碑	市级文物保护单位	
27	邯郸市	大名县	直隶省立第五女子师范旧址	县级文物保护单位	
28	邯郸市	大名县	善乐营会议旧址	县级文物保护单位	
29	邯郸市	大名县	金滩镇抗日联防大队纪念馆	县级文物保护单位	
30	邯郸市	涉县	晋冀鲁豫边区政府旧址	全国重点文物保护单位	
31	邯郸市	涉县	八路军一二九师司令部旧址	全国重点文物保护单位	
32	邯郸市	涉县	八路军一二九师司令部、政治部旧址	省级文物保护单位	
33	邯郸市	涉县	晋冀鲁豫抗日殉国烈士公墓	省级文物保护单位	
34	邯郸市	涉县	太行行署礼堂旧址	省级文物保护单位	
35	邯郸市	涉县	晋冀鲁豫军区西达兵工厂旧址	省级文物保护单位	
36	邯郸市	涉县	原曲大庙	省级文物保护单位	
37	邯郸市	涉县	东鹿头烈士陵园	市级文物保护单位	
38	邯郸市	涉县	偏城县殉国烈士纪念阁	市级文物保护单位	
39	邯郸市	涉县	响堂铺伏击战纪念碑	市级文物保护单位	
40	邯郸市	涉县	沙河邯郸新华广播电台、陕北新华广播电台播音部旧址	市级文物保护单位	
41	邯郸市	涉县	八路军一二九师印刷厂旧址	市级文物保护单位	
42	邯郸市	涉县	晋冀鲁豫边区交通总局旧址	市级文物保护单位	

续表

序号	行政区域 市名	行政区域 县名	名称	级别	备注
43	邯郸市	涉县	朝鲜义勇军总部旧址	市级文物保护单位	
44	邯郸市	涉县	太行署公安局旧址	县级文物保护单位	
45	邯郸市	涉县	冀南银行第四所旧址	县级文物保护单位	
46	邯郸市	涉县	刘家大院	县级文物保护单位	
47	邯郸市	涉县	青塔烈士墓	县级文物保护单位	
48	邯郸市	涉县	中原新华日报印刷厂旧址	县级文物保护单位	
49	邯郸市	磁县	中共磁县特别支部旧址	市级文物保护单位	
50	邯郸市	磁县	金德三烈士碑	市级文物保护单位	
51	邯郸市	磁县	观台六河沟煤矿烈士碑	市级文物保护单位	
52	邯郸市	磁县	直南党组织革命纪念地	市级文物保护单位	
53	邯郸市	磁县	田裕民抗日县长碑	县级文物保护单位	
54	邯郸市	磁县	前天濠抗日政府驻地	县级文物保护单位	
55	邯郸市	磁县	赵日三烈士碑	县级文物保护单位	
56	邯郸市	磁县	义勇军烈士碑	县级文物保护单位	
57	邯郸市	磁县	白龙庙王维刚被捕旧址	县级文物保护单位	
58	邯郸市	磁县	东曹庄烈士碑	县级文物保护单位	
59	邯郸市	磁县	东小屋烈士碑	县级文物保护单位	
60	邯郸市	磁县	庆和峪烈士碑	县级文物保护单位	
61	邯郸市	磁县	一二九师兵工厂旧址	县级文物保护单位	
62	邯郸市	邱县	香城固战役纪念碑（园）	市级文物保护单位	
63	邯郸市	邱县	杜平烈士纪念碑	县级文物保护单位	
64	邯郸市	邱县	傅辛庄烈士墓	县级文物保护单位	
65	邯郸市	邱县	霍新泰烈士墓	县级文物保护单位	
66	邯郸市	邱县	王任重抗战时期住所	县级文物保护单位	
67	邯郸市	邱县	香城固大战遗址	县级文物保护单位	
68	邯郸市	邱县	香城固伏击战战前指挥所	县级文物保护单位	
69	邯郸市	邱县	冀南银行第三印钞所旧址	县级文物保护单位	
70	邯郸市	邱县	人山报电台旧址	县级文物保护单位	
71	邯郸市	邱县	邱县地下战备指挥所	县级文物保护单位	
72	邯郸市	邱县	广曲县抗日县政府驻地	县级文物保护单位	
73	邯郸市	邱县	1953年7月前邱县人民政府驻地	县级文物保护单位	
74	邯郸市	邱县	企之县抗日政府诞生地	县级文物保护单位	
75	邯郸市	邱县	王屏旧居	县级文物保护单位	
76	邯郸市	鸡泽县	鸡泽县烈士陵园	县级文物保护单位	
77	邯郸市	广平县	广平县烈士陵园	县级文物保护单位	
78	邯郸市	广平县	苏靖波烈士纪念馆	县级文物保护单位	
79	邯郸市	馆陶县	馆陶县范筑先纪念馆	市级文物保护单位	
80	邯郸市	馆陶县	范筑先故居	市级文物保护单位	
81	邯郸市	馆陶县	八义庄烈士碑	县级文物保护单位	
82	邯郸市	馆陶县	范筑先故里纪念碑	县级文物保护单位	
83	邯郸市	馆陶县	塔头烈士碑	县级文物保护单位	
84	邯郸市	馆陶县	卫河支队六十二烈士牺牲遗址处	县级文物保护单位	
85	邯郸市	馆陶县	武殿华烈士纪念碑	县级文物保护单位	
86	邯郸市	馆陶县	阎兆亨殉国纪念碑	县级文物保护单位	

附录二　河北省不可移动革命文物名录（第一批）

续表

序号	行政区域 市名	行政区域 县名	名称	级别	备注
87	邯郸市	馆陶县	翟庄村县委旧址	县级文物保护单位	
88	邯郸市	魏县	裴香斋烈士祠堂	市级文物保护单位	
89	邯郸市	魏县	二十八烈士公墓	市级文物保护单位	
90	邯郸市	魏县	魏县烈士陵园	县级文物保护单位	
91	邯郸市	魏县	周总理视察漳河村旧址	县级文物保护单位	
92	邯郸市	魏县	王从吾故居	县级文物保护单位	
93	邯郸市	魏县	抗战功勋苗德渭墓地	县级文物保护单位	
94	邯郸市	魏县	蔡小庄武装革命暴动旧址	县级文物保护单位	
95	邯郸市	魏县	崔野冲革命旧址	县级文物保护单位	
96	邯郸市	曲周县	郭企之烈士纪念亭	市级文物保护单位	
97	邯郸市	曲周县	《人山报》旧址	市级文物保护单位	
98	邯郸市	曲周县	吕洞固反合围战役遗址	县级文物保护单位	
99	邯郸市	曲周县	孙嘉富烈士纪念碑	县级文物保护单位	
100	邯郸市	武安市	中共晋冀鲁豫中央局和军区旧址	全国重点文物保护单位	
101	邯郸市	武安市	安子岭古村落及山寨	省级文物保护单位	
102	邯郸市	武安市	伯延历史建筑群	省级文物保护单位	
103	邯郸市	武安市	百官烈士祠堂	市级文物保护单位	
104	邯郸市	武安市	李何林烈士碑	市级文物保护单位	
105	邯郸市	武安市	梁沟兵工厂旧址	市级文物保护单位	
106	邯郸市	武安市	高树勋旧居	市级文物保护单位	
107	邯郸市	武安市	柯鲁克、伊莎白旧居	市级文物保护单位	
108	邯郸市	武安市	冀察游击队烈士陵园	市级文物保护单位	
109	邯郸市	武安市	武安烈士陵园	市级文物保护单位	
110	邯郸市	武安市	河西革命旧址	市级文物保护单位	
111	邯郸市	武安市	贺进烈士祠堂	县级文物保护单位	
112	邯郸市	武安市	龙泉戎伍胜旧居	县级文物保护单位	
113	邯郸市	冀南新区	邯郸起义指挥部旧址	省级文物保护单位	
			邢台市60处		
1	邢台市	信都区	前南峪抗日军政大学旧址	省级文物保护单位	
2	邢台市	信都区	道沟村一二九师司令部旧址	市级文物保护单位	
3	邢台市	信都区	冀南银行旧址	市级文物保护单位	
4	邢台市	信都区	邢台县第一次党代会会址	县级文物保护单位	
5	邢台市	信都区	一二九师被服厂仓库旧址	县级文物保护单位	
6	邢台市	信都区	敌后武工队坟址	县级文物保护单位	
7	邢台市	信都区	红军坟址	县级文物保护单位	
8	邢台市	任泽区	宋超均烈士碑	县级文物保护单位	
9	邢台市	任泽区	刘景柱烈士碑	县级文物保护单位	
10	邢台市	任泽区	革命殉国烈士纪念碑	县级文物保护单位	
11	邢台市	任泽区	革命先烈纪念碑	县级文物保护单位	
12	邢台市	任泽区	郭屯烈士碑	县级文物保护单位	
13	邢台市	南和区	苏本固烈士墓	县级文物保护单位	
14	邢台市	南和区	苏本固烈士墓碑	县级文物保护单位	
15	邢台市	南和区	左村烈士碑	县级文物保护单位	
16	邢台市	南和区	大郝韩垱荣烈士墓	县级文物保护单位	

续表

序号	行政区域 市名	行政区域 县名	名称	级别	备注
17	邢台市	南和区	东三召白公素烈士墓	县级文物保护单位	
18	邢台市	南和区	张村高焕廷烈士墓	县级文物保护单位	
19	邢台市	南和区	井庄石会林烈士纪念碑	县级文物保护单位	
20	邢台市	南和区	前后台王友连烈士纪念碑	县级文物保护单位	
21	邢台市	临城县	官都烈士墓	县级文物保护单位	现位于临城县临城烈士陵园内的官都烈士墓区
22	邢台市	临城县	石家栏烈士亭	县级文物保护单位	现位于临城县临城烈士陵园内
23	邢台市	临城县	方脑八路军印钞洞旧址	县级文物保护单位	
24	邢台市	内丘县	冀西游击队兵工厂旧址	县级文物保护单位	
25	邢台市	内丘县	黄岔村冀西抗日机关驻地旧址	县级文物保护单位	
26	邢台市	内丘县	石盆村杨秀峰抗日居住地旧址	县级文物保护单位	
27	邢台市	内丘县	礼义烈士碑	县级文物保护单位	
28	邢台市	宁晋县	唐邱抗战殉国烈士碑	县级文物保护单位	
29	邢台市	宁晋县	纪昌庄抗战建国烈士塔	县级文物保护单位	
30	邢台市	宁晋县	北白豆烈士及纪念碑	县级文物保护单位	
31	邢台市	宁晋县	宁晋县烈士亭	县级文物保护单位	
32	邢台市	宁晋县	北近烈士亭	县级文物保护单位	
33	邢台市	宁晋县	张伟业墓	县级文物保护单位	
34	邢台市	广宗县	燕张葛战斗烈士墓	县级文物保护单位	
35	邢台市	广宗县	件只抗日英烈烈士墓	县级文物保护单位	
36	邢台市	广宗县	冀南行政主任公署旧址	县级文物保护单位	
37	邢台市	广宗县	八路军25团烈士墓群	县级文物保护单位	
38	邢台市	平乡县	孙公保墓	县级文物保护单位	
39	邢台市	平乡县	马仁兴烈士墓	县级文物保护单位	
40	邢台市	平乡县	赵勤学烈士墓	县级文物保护单位	
41	邢台市	平乡县	霍礼福烈士墓	县级文物保护单位	
42	邢台市	平乡县	张冠军烈士墓	县级文物保护单位	
43	邢台市	平乡县	下疃烈士墓群	县级文物保护单位	
44	邢台市	威县	义和拳议事厅旧址	全国重点文物保护单位	
45	邢台市	威县	威县——四烈士陵园	市级文物保护单位	
46	邢台市	清河县	东野庄村抗战旧址	市级文物保护单位	
47	邢台市	临西县	四二九烈士陵园	县级文物保护单位	
48	邢台市	南宫市	八路军"一二九"师东进纵队司令部旧址	省级文物保护单位	
49	邢台市	南宫市	冀鲁豫边区抗日根据地领导机关旧址	省级文物保护单位	
50	邢台市	南宫市	冀南四地委机关旧址	市级文物保护单位	
51	邢台市	南宫市	冀南烈士陵园	县级文物保护单位	
52	邢台市	南宫市	抗日模范县长——郭企之烈士旧居	县级文物保护单位	
53	邢台市	沙河市	市烈士陵园	县级文物保护单位	
54	邢台市	沙河市	刘石岗烈士陵园	县级文物保护单位	
55	邢台市	沙河市	御路烈士陵园	县级文物保护单位	
56	邢台市	沙河市	北掌烈士墓	县级文物保护单位	
57	邢台市	沙河市	范子侠墓	县级文物保护单位	

续表

序号	行政区域 市名	行政区域 县名	名称	级别	备注
58	邢台市	沙河市	全呼烈士陵园	县级文物保护单位	
59	邢台市	沙河市	抗日县政府旧址	县级文物保护单位	
60	邢台市	沙河市	八路军129师先遣支队第一次党代会会址	县级文物保护单位	
			保定市98处		
1	保定市	竞秀区	育德中学旧址	全国重点文物保护单位	
2	保定市	莲池区	河北省立第二师范学校	市级文物保护单位	
3	保定市	莲池区	贤良祠	市级文物保护单位	
4	保定市	莲池区	第一客栈	市级文物保护单位	
5	保定市	满城区	谢臣烈士纪念碑	县级文物保护单位	
6	保定市	满城区	黄甫俊烈士纪念碑	县级文物保护单位	
7	保定市	满城区	肖德顺烈士纪念碑	县级文物保护单位	
8	保定市	满城区	抗日烈士纪念碑	县级文物保护单位	
9	保定市	满城区	晋察冀一分区司令部旧址	县级文物保护单位	
10	保定市	清苑区	冉庄地道战遗址	全国重点文物保护单位	
11	保定市	涞水县	西岗烈士碑	县级文物保护单位	
12	保定市	涞水县	板城烈士碑亭	县级文物保护单位	
13	保定市	阜平县	晋察冀边区政府及军区司令部旧址	全国重点文物保护单位	
14	保定市	阜平县	聂荣臻"三进三出"常家渠抗战旧址	县级文物保护单位	
15	保定市	阜平县	平房华北联合大学旧址	县级文物保护单位	
16	保定市	阜平县	向阳庄、易家庄荣臻小学校旧址	县级文物保护单位	
17	保定市	阜平县	新房晋察冀中央局旧址	县级文物保护单位	
18	保定市	阜平县	骆驼湾、顾家台脱贫攻坚第一站	县级文物保护单位	
19	保定市	阜平县	坡山第一部《毛泽东选集》诞生地旧址	县级文物保护单位	
20	保定市	阜平县	魏家峪村耿氏家祠、知府大院、石桥	县级文物保护单位	
21	保定市	阜平县	台峪中共中央晋察冀分局旧址	县级文物保护单位	
22	保定市	阜平县	三官晋察冀边区印刷局旧址	县级文物保护单位	
23	保定市	阜平县	南峪第一套人民币出版地	县级文物保护单位	
24	保定市	阜平县	洞子沟、花沟掌晋察冀画报社旧址	县级文物保护单位	
25	保定市	阜平县	西下关毛主席路居旧址	县级文物保护单位	
26	保定市	阜平县	大连地晋察冀军区司令部旧址	县级文物保护单位	
27	保定市	阜平县	陈家沟晋察冀军区敌工部旧址	县级文物保护单位	
28	保定市	阜平县	细沟邓颖超旧居	县级文物保护单位	
29	保定市	阜平县	大胡卜聂荣臻旧居	县级文物保护单位	
30	保定市	阜平县	麻棚、下雷堡晋察冀日报社旧址	县级文物保护单位	
31	保定市	阜平县	五丈湾地雷阵战场旧址	县级文物保护单位	
32	保定市	阜平县	四秃子山	县级文物保护单位	
33	保定市	阜平县	《晋察冀日报》社旧址	县级文物保护单位	
34	保定市	阜平县	晋察冀边区第一届参议会旧址	县级文物保护单位	
35	保定市	阜平县	阜平县烈士墓	县级文物保护单位	
36	保定市	阜平县	平阳千人墓	县级文物保护单位	
37	保定市	阜平县	十八烈士墓	县级文物保护单位	
38	保定市	阜平县	赤瓦屋烈士墓（包括张立碑）	县级文物保护单位	

续表

序号	行政区域 市名	行政区域 县名	名称	级别	备注
39	保定市	定兴县	西城烈士陵园	县级文物保护单位	
40	保定市	定兴县	平堽烈士陵园	县级文物保护单位	
41	保定市	定兴县	南店烈士墓	县级文物保护单位	
42	保定市	定兴县	北店烈士墓	县级文物保护单位	
43	保定市	定兴县	仓巨烈士墓	县级文物保护单位	
44	保定市	定兴县	周家庄烈士墓	县级文物保护单位	
45	保定市	定兴县	张秀中故居	县级文物保护单位	
46	保定市	定兴县	南旺烈士墓	县级文物保护单位	
47	保定市	定兴县	肖村营烈士墓	县级文物保护单位	
48	保定市	唐县	晋察冀边区烈士陵园	省文物保护单位	
49	保定市	唐县	晋察冀军区司令部旧址	县级文物保护单位	
50	保定市	唐县	晋察冀军区卫生学校旧址	县级文物保护单位	
51	保定市	唐县	北店头烈士塔	县级文物保护单位	
52	保定市	唐县	西大洋烈士碑亭	县级文物保护单位	
53	保定市	唐县	毛主席进京住宿地旧址	县级文物保护单位	
54	保定市	唐县	白求恩手术室旧址	县级文物保护单位	
55	保定市	唐县	白求恩逝世纪念地	县级文物保护单位	
56	保定市	唐县	冀中军区干部教导团烈士纪念碑	县级文物保护单位	
57	保定市	唐县	柯棣华逝世纪念地	县级文物保护单位	
58	保定市	唐县	葛公白求恩卫生学校旧址	县级文物保护单位	
59	保定市	唐县	柯棣华故居	县级文物保护单位	
60	保定市	唐县	胡翼墓	县级文物保护单位	
61	保定市	唐县	白求恩战地医院旧址	县级文物保护单位	
62	保定市	唐县	晋察冀军区教导团烈士墓	县级文物保护单位	
63	保定市	唐县	白求恩柯棣华纪念馆	县级文物保护单位	
64	保定市	唐县	东冯村烈士碑亭	县级文物保护单位	
65	保定市	唐县	晋察冀军区后方医院旧址	县级文物保护单位	
66	保定市	高阳县	布里留法工艺学校旧址	全国重点文物保护单位	
67	保定市	高阳县	高蠡暴动殉难烈士纪念址	县级文物保护单位	
68	保定市	高阳县	杨景山烈士纪念址	县级文物保护单位	
69	保定市	涞源县	黄土岭战役旧址	省级文物保护单位	
70	保定市	涞源县	白求恩小庙	县级文物保护单位	
71	保定市	涞源县	水云乡烈士陵园	县级文物保护单位	
72	保定市	涞源县	涞源县烈士亭	县级文物保护单位	
73	保定市	涞源县	东杏花烈士亭	县级文物保护单位	
74	保定市	涞源县	云盘洞义和团运动旧址	县级文物保护单位	
75	保定市	涞源县	王二小纪念碑亭	县级文物保护单位	
76	保定市	涞源县	东团堡烈士陵园	县级文物保护单位	
77	保定市	望都县	白岳革命烈士纪念碑	县级文物保护单位	
78	保定市	望都县	张兰梅烈士纪念碑	县级文物保护单位	
79	保定市	易县	五勇士跳崖处	省级文物保护单位	
80	保定市	易县	东旮旯烈士陵园	县级文物保护单位	
81	保定市	易县	玉山铺烈士陵园	县级文物保护单位	
82	保定市	易县	大兴安烈士陵园	县级文物保护单位	

续表

序号	行政区域 市名	行政区域 县名	名称	级别	备注
83	保定市	易县	北娄山烈士陵园	县级文物保护单位	
84	保定市	易县	北娄山烈士塔	县级文物保护单位	
85	保定市	易县	阿部规秀击毙处	县级文物保护单位	
86	保定市	易县	匡山地道	县级文物保护单位	
87	保定市	曲阳县	烈士陵园	县级文物保护单位	
88	保定市	曲阳县	武家湾革命旧址	县级文物保护单位	
89	保定市	顺平县	韩永禄烈士纪念馆	县级文物保护单位	
90	保定市	顺平县	顺平县烈士陵园	县级文物保护单位	
91	保定市	博野县	博野县革命烈士纪念碑	县级文物保护单位	
92	保定市	博野县	博野县第一区革命烈士纪念碑	县级文物保护单位	
93	保定市	博野县	博野县第二区革命烈士纪念碑	县级文物保护单位	
94	保定市	涿州市	陈辉烈士墓	县级文物保护单位	
95	保定市	涿州市	党中央进京前毛泽东住所纪念址	县级文物保护单位	
96	保定市	安国市	张家大院	县级文物保护单位	
97	保定市	安国市	张家货栈	县级文物保护单位	
98	保定市	高碑店市	烈士陵园	县级文物保护单位	
			张家口市35处		
1	张家口市	桥东区	晋察冀军区司令部旧址	全国重点文物保护单位	
2	张家口市	桥东区	察哈尔民众抗日同盟军收复察东失地阵亡将士纪念塔	市级文物保护单位	
3	张家口市	桥东区	察哈尔烈士陵园	市级文物保护单位	
4	张家口市	桥东区	常峪口烈士纪念碑	市级文物保护单位	
5	张家口市	桥东区	葛峪堡革命烈士纪念碑	县级文物保护单位	原宣化县
6	张家口市	桥东区	小仓盖革命烈士纪念碑	县级文物保护单位	原宣化县
7	张家口市	桥西区	察哈尔农民协会旧址	省级文物保护单位	
8	张家口市	宣化区	察哈尔民主政府旧址	全国重点文物保护单位	
9	张家口市	宣化区	何金海烈士墓	县级文物保护单位	
10	张家口市	宣化区	样田庄革命烈士纪念碑	县级文物保护单位	
11	张家口市	下花园区	常家庄革命烈士纪念碑	县级文物保护单位	
12	张家口市	万全区	"八〇二"军事演习观礼台	省级文物保护单位	
13	张家口市	万全区	沙家庄杨成武指挥部	县级文物保护单位	
14	张家口市	崇礼区	崇礼县烈士陵园	县级文物保护单位	
15	张家口市	张北县	苏蒙联军烈士纪念塔	省级文物保护单位	
16	张家口市	张北县	中共张北县委旧址	县级文物保护单位	
17	张家口市	张北县	八零二军演观礼台	县级文物保护单位	
18	张家口市	沽源县	河东烈士陵园	县级文物保护单位	
19	张家口市	蔚县	蔚县西合营师范旧址	省级文物保护单位	
20	张家口市	怀安县	怀安县烈士陵园	县级文物保护单位	
21	张家口市	怀安县	武士敏故居	县级文物保护单位	
22	张家口市	怀来县	新保安战役遗迹	省级文物保护单位	
23	张家口市	怀来县	八街烈士陵园	县级文物保护单位	
24	张家口市	怀来县	镇边城怀来县第一个农村党支部旧址	县级文物保护单位	
25	张家口市	怀来县	阎家房烈士陵园	县级文物保护单位	
26	张家口市	怀来县	良田屯烈士陵园	县级文物保护单位	

续表

序号	行政区域 市名	行政区域 县名	名称	级别	备注
27	张家口市	怀来县	董存瑞纪念馆	县级文物保护单位	
28	张家口市	赤城县	平北抗日根据地旧址	省文物保护单位	
29	张家口市	赤城县	赤城县烈士陵园	县级文物保护单位	
30	张家口市	赤城县	龙关烈士亭	县级文物保护单位	
31	张家口市	赤城县	雕鹗烈士陵园	县级文物保护单位	
32	张家口市	赤城县	龙门所烈士亭	县级文物保护单位	
33	张家口市	赤城县	曹一川烈士墓	县级文物保护单位	
34	张家口市	赤城县	冀热察区党委所在地旧址	县级文物保护单位	
35	张家口市	赤城县	龙崇赤联合县政府驻地旧址	县级文物保护单位	
承德市29处					
1	承德市	双桥区	苏联红军烈士纪念碑	省文物保护单位	
2	承德市	双滦区	承德钢铁厂、热河铁矿厂旧址	县级文物保护单位	
3	承德市	承德县	革命烈士纪念碑	县级文物保护单位	
4	承德市	承德县	毛主席按语碑	县级文物保护单位	
5	承德市	兴隆县	小西天三壮士墓	省文物保护单位	
6	承德市	兴隆县	八道河烈士墓	县级文物保护单位	
7	承德市	兴隆县	朱家沟抗日兵工厂旧址	县级文物保护单位	
8	承德市	兴隆县	英雄洞	县级文物保护单位	
9	承德市	兴隆县	兴隆县和平谈判旧址	县级文物保护单位	
10	承德市	兴隆县	孙永勤故居	县级文物保护单位	
11	承德市	兴隆县	老虎沟抗日烈士墓	县级文物保护单位	
12	承德市	兴隆县	大明烈士墓	县级文物保护单位	
13	承德市	滦平县	天桥沟烈士墓	县级文物保护单位	
14	承德市	隆化县	董存瑞烈士陵园	省文物保护单位	
15	承德市	丰宁满族自治县	王殿臣烈士碑	县级文物保护单位	
16	承德市	丰宁满族自治县	石广山烈士碑	县级文物保护单位	
17	承德市	丰宁满族自治县	宋印发烈士墓碑	县级文物保护单位	
18	承德市	丰宁满族自治县	丰宁烈士陵园	县级文物保护单位	
19	承德市	丰宁满族自治县	凤山烈士亭	县级文物保护单位	
20	承德市	丰宁满族自治县	石人沟烈士亭	县级文物保护单位	
21	承德市	丰宁满族自治县	张清山烈士墓	县级文物保护单位	
22	承德市、唐山市	宽城满族自治县、迁西县	长城-喜峰口长城	全国重点文物保护单位	
23	承德市	宽城满族自治县	王厂沟抗日根据地（冀东军分区司令部旧址）	县级文物保护单位	
24	承德市	平泉市	党坝协定遗址	县级文物保护单位	
25	承德市	平泉市	党坝烈士墓	县级文物保护单位	
26	承德市	平泉市	刘迁安烈士墓	县级文物保护单位	

续表

序号	行政区域 市名	行政区域 县名	名称	级别	备注
27	承德市	平泉市	五家烈士墓	县级文物保护单位	
28	承德市	平泉市	西梁烈士墓	县级文物保护单位	
29	承德市	平泉市	于文及齐玉林烈士墓	县级文物保护单位	
沧州市23处					
1	沧州市	沧县	宋桂荣烈士墓	县级文物保护单位	
2	沧州市	青县	青县七十八烈士墓	县级文物保护单位	
3	沧州市	东光县	东光县烈士陵园	县级文物保护单位	
4	沧州市	盐山县	盐山县烈士陵园	县级文物保护单位	
5	沧州市	肃宁县	北曹庄四十八烈士墓	县级文物保护单位	
6	沧州市	肃宁县	中堡店四十八烈士墓	县级文物保护单位	
7	沧州市	肃宁县	肃宁烈士塔	县级文物保护单位	
8	沧州市	肃宁县	梁村六烈士纪念碑	县级文物保护单位	
9	沧州市	献县	献县烈士陵园	县级文物保护单位	
10	沧州市	献县	韩村建国县烈士陵园	县级文物保护单位	
11	沧州市	献县	马本斋母子烈士陵园	县级文物保护单位	
12	沧州市	孟村回族自治县	刘格平纪念馆	县级文物保护单位	
13	沧州市	孟村回族自治县	渤海回民支队成立旧址	县级文物保护单位	
14	沧州市	孟村回族自治县	刘震寰墓	县级文物保护单位	
15	沧州市	泊头市	富镇烈士纪念塔	县级文物保护单位	
16	沧州市	泊头市	泊头市烈士陵园	县级文物保护单位	
17	沧州市	任丘市	牛氏三杰烈士塔	县级文物保护单位	
18	沧州市	任丘市	十二烈士纪念碑	县级文物保护单位	
19	沧州市	黄骅市	赵博生故居	市级文物保护单位	
20	沧州市	河间市	白求恩手术室旧址	省级文物保护单位	
21	沧州市	河间市	明树珍烈士墓	县级文物保护单位	
22	沧州市	河间市	河间市烈士陵园	县级文物保护单位	
23	沧州市	河间市	齐会战斗指挥所旧址	县级文物保护单位	
廊坊市15处					
1	廊坊市	安次区	申益三烈士墓	县级文物保护单位	
2	廊坊市	固安县	闫宗桂烈士墓	县级文物保护单位	
3	廊坊市	固安县	林子里烈士纪念碑	县级文物保护单位	
4	廊坊市	固安县	杨书远烈士墓	县级文物保护单位	
5	廊坊市	固安县	北赵各庄烈士纪念碑	县级文物保护单位	
6	廊坊市	永清县	永清烈士纪念碑	县级文物保护单位	
7	廊坊市	永清县	高均烈士墓	县级文物保护单位	
8	廊坊市	大城县	大城县烈士陵园	县级文物保护单位	
9	廊坊市	文安县	王村烈士纪念碑	县级文物保护单位	
10	廊坊市	文安县	左各庄村烈士祠	县级文物保护单位	
11	廊坊市	文安县	文安县烈士祠	县级文物保护单位	
12	廊坊市	霸州市	八一·二纪念碑	县级文物保护单位	
13	廊坊市	霸州市	革命烈士纪念碑	县级文物保护单位	

续表

序号	行政区域 市名	行政区域 县名	名称	级别	备注
14	廊坊市	三河市	兰生烈士纪念碑	县级文物保护单位	
15	廊坊市	三河市	三河烈士纪念碑	县级文物保护单位	
衡水市37处					
1	衡水市	桃城区	石辛庄战斗遗址	县级文物保护单位	
2	衡水市	枣强县	枣强县烈士陵园	县级文物保护单位	
3	衡水市	枣强县	三十六烈士墓	县级文物保护单位	
4	衡水市	武邑县	任角烈士陵园	县级文物保护单位	
5	衡水市	武强县	英灵烈士亭	县级文物保护单位	
6	衡水市	饶阳县	大尹村烈士碑	县级文物保护单位	
7	衡水市	饶阳县	留楚烈士碑	县级文物保护单位	
8	衡水市	饶阳县	邹村烈士碑	县级文物保护单位	
9	衡水市	饶阳县	南京堂烈士碑	县级文物保护单位	
10	衡水市	饶阳县	饶阳烈士陵园	县级文物保护单位	
11	衡水市	饶阳县	宋欣茹纪念碑	县级文物保护单位	
12	衡水市	安平县	安平县烈士陵园	市级文物保护单位	
13	衡水市	安平县	安平县一区烈士墓	县级文物保护单位	
14	衡水市	安平县	安平县二区烈士墓	县级文物保护单位	
15	衡水市	安平县	安平县四区烈士墓	县级文物保护单位	
16	衡水市	安平县	王东仓烈士墓	县级文物保护单位	
17	衡水市	故城县	冀南429烈士陵园	市级文物保护单位	
18	衡水市	故城县	故城县烈士陵园	县级文物保护单位	
19	衡水市	景县	景县烈士陵园	县级文物保护单位	
20	衡水市	景县	赵义荆、陈跃元烈士墓	县级文物保护单位	
21	衡水市	景县	李春元烈士墓	县级文物保护单位	
22	衡水市	景县	石嘉植烈士纪念碑	县级文物保护单位	
23	衡水市	景县	夏家寺抗日烈士墓	县级文物保护单位	
24	衡水市	阜城县	阜城烈士陵园	县级文物保护单位	已合并更名为本斋纪念园
25	衡水市	阜城县	纪庄烈士陵园	县级文物保护单位	已合并更名为本斋纪念园
26	衡水市	深州市	护驾迟烈士碑	县级文物保护单位	
27	衡水市	深州市	王家井烈士塔	县级文物保护单位	
28	衡水市	深州市	唐奉烈士碑	县级文物保护单位	
29	衡水市	深州市	榆科烈士亭	县级文物保护单位	
30	衡水市	深州市	深州烈士陵园	县级文物保护单位	
31	衡水市	深州市	大流村烈士亭	县级文物保护单位	
32	衡水市	深州市	凤凰池烈士墓	县级文物保护单位	
33	衡水市	深州市	王村烈士碑	县级文物保护单位	
34	衡水市	深州市	北小营烈士碑	县级文物保护单位	
35	衡水市	深州市	东周堡烈士碑	县级文物保护单位	
36	衡水市	深州市	周龙华烈士碑	县级文物保护单位	
37	衡水市	深州市	寺头烈士碑楼	县级文物保护单位	
定州市4处					
1	定州市		北疃烈士陵园	省级文物保护单位	

续表

序号	行政区域		名称	级别	备注
	市名	县名			
2	定州市		清风店战役旧址	省级文物保护单位	
3	定州市		清风店战役罗历戎指挥部旧址	市级文物保护单位	
4	定州市		孟家庄革命烈士纪念碑	市级文物保护单位	
辛集市2处					
1	辛集市		辛集市烈士陵园	县级文物保护单位	
2	辛集市		辛集市西小王烈士陵园	县级文物保护单位	
雄安新区15处					
1	雄安新区	雄县	雄县烈士陵园	县级文物保护单位	
2	雄安新区	雄县	雄县米家务烈士陵园	县级文物保护单位	
3	雄安新区	雄县	雄县昝岗镇梁神堂烈士陵园	县级文物保护单位	
4	雄安新区	雄县	雄县张岗乡南庄子烈士碑	县级文物保护单位	
5	雄安新区	安新县	雁翎队打包运船遗址	县级文物保护单位	
6	雄安新区	安新县	安州烈士塔	县级文物保护单位	
7	雄安新区	安新县	辛璞田烈士祠	县级文物保护单位	
8	雄安新区	安新县	北喇喇地烈士祠	县级文物保护单位	
9	雄安新区	安新县	梁庄烈士碑	县级文物保护单位	
10	雄安新区	安新县	关城四村贾老巴烈士祠	县级文物保护单位	
11	雄安新区	安新县	西街村烈士祠（圈头）	县级文物保护单位	
12	雄安新区	安新县	北街村烈士祠（赵北口）	县级文物保护单位	
13	雄安新区	安新县	大田庄东头庙	县级文物保护单位	
14	雄安新区	容城县	城内烈士塔	县级文物保护单位	
15	雄安新区	容城县	北后台烈士陵园	县级文物保护单位	
总计595处					

后 记

《河北省革命旧址调查报告》中的调查时间主要的集中在2019年和2020年两年间，累计行程上万公里，调查组跟随老一辈革命家遗留下来的足迹，探寻分布在河北全省的各处革命旧址。通过搜集、查阅大量的党史文献资料，结合翔实的现场调研工作，仔细筛选分类，选择重点，总结成册，为河北省后续的革命文物保护利用工作奠定了坚实的基础。这些革命旧址，虽然没有古建筑的气势恢宏与做工考究，但每一处的背后都有一段感人至深的"红色传奇"故事；每一处都是一堂生动的"党史课"，让人深刻领悟一个百年大党历尽的艰辛。回望历史，镜鉴今天，百年激荡的红色篇章，革命文物是最好的见证。

2021年2月河北省公布了河北省第一批革命文物名录，2022年12月又公布了河北省第二批革命文物名录，其中包括5处不可移动革命文物，均为省级文物保护单位，分别是石家庄市鹿泉区申后高氏民宅、井陉矿区井陉煤矿老井和皇冠塔、长安区吴禄贞墓、张家口市桥东区"爱吾庐"冯玉祥将军图书馆、廊坊市霸州市胜芳王家大院。至此，河北省公布的两批革命文物名录里共收录了600处不可移动革命文物。第二批革命文物名录公布之时，本书已定稿，故书中未统计该5处革命旧址。

第一批革命文物名录包括省级文物保护单位共71处，因篇幅有限，本书选录具有代表性的59处省级文物保护单位和少部分市县级文物保护单位进行了介绍。

在本书编写过程中，省委党史研究室、省委党校的专家对本书内涉及党史内容进行了把关和指导；张建勋、孙荣芬、孟琦几位老师，共同讨论了本书的框架和内容，并对书稿全文进行了细致的修改；书中部分革命旧址照片选用了单位数字化项目组同仁拍摄的照片，在此一并表示感谢。

由于水平有限、资料不足，因此在内容表述、旧址选定、照片筛选及文字说明方面，都难免存在不当之处，敬祈专家和读者批评指正。

赵喆

2022 年 12 月